Richard W. Dill

Neue Demokratien – neuer Rundfunk

D1619264

MARkierungen

Beiträge des
Münchner Arbeitskreises
öffentlicher Rundfunk

Herausgegeben von

Walter Hömberg

Band 3

LIT

Richard W. Dill

Neue Demokratien – neuer Rundfunk

Erfahrungen mit der Medientransformation in Osteuropa

LIT

Redaktion: Ralf Hohlfeld
Korrektur: Barbara Kasper

Bibliografische Information Der Deutschen Bibliothek
Die Deutsche Bibliothek verzeichnet diese Publikation in der Deutschen
Nationalbibliografie; detaillierte bibliografische Daten sind im Internet
über http://dnb.ddb.de abrufbar.

ISBN 3-8258-7293-9

© LIT VERLAG Münster   2003
Grevener Str./Fresnostr. 2   48159 Münster
Tel. 0251–23 50 91   Fax 0251–23 19 72
e-Mail: lit@lit-verlag.de   http://www.lit-verlag.de

Vorwort

Die Massenmedien sind in besonderer Weise Agenturen des gesellschaftlichen Wandels. Als Durchlauferhitzer für immer neue Informationen dokumentieren sie den Wandel, und manchmal dramatisieren sie ihn auch. Und gelegentlich wandeln sie sich selbst – oder werden gewandelt.

Im ersten Band dieser Schriftenreihe ging es um den Wandel der Kommunikationskultur nach der Zulassung des privaten Rundfunks in Deutschland und der Etablierung des dualen Systems („Rundfunk-Kultur und Kultur-Rundfunk"). Der zweite Band analysierte die Veränderungen der Medienlandschaft und des Journalismus ein Jahrzehnt nach der deutschen Vereinigung („Deutschland – einig Medienland?"). Der dritte Band nun nimmt den Medienwandel in Osteuropa ins Visier.

Die Transformation ist in den osteuropäischen Ländern besonders radikal: Die Prozesse der Demokratisierung, der Modernisierung und der Herausbildung marktwirtschaftlicher Strukturen, die sich in Westeuropa über lange Zeiträume erstreckt haben – hier laufen sie gleichzeitig ab. Eine neue Rechts- und Verfassungsordnung muss geschaffen werden, eine neue Wirtschaftsordnung – und eine neue Medienordnung.

Dieses „Dilemma der Gleichzeitigkeit" (Claus Offe) wurde in Ex-Jugoslawien noch durch national(istisch) motivierte Kriege mit internationaler Beteiligung verschärft. Richard W. Dill, der schon in Bosnien und Herzegowina am Aufbau einer neuen Medienordnung mitgearbeitet hat, schildert im vorliegenden Band seine Erfahrungen im Kosovo. Als Deutscher des Jahrgangs 1932 hat er die historische Verpflichtung gespürt, einen „nützlichen Beitrag bei der Bewältigung und Heilung von Kriegswunden" zu leisten.

Der Autor beschreibt eindrucksvoll die Schwierigkeiten bei der Etablierung eines öffentlich-rechtlichen Fernsehsenders, den er im Auftrag der Europäischen Rundfunkunion mit Unterstützung der Vereinten Nationen und der OSZE dort aufgebaut hat. Trotz mannigfacher Behinderungen durch alte regionale Eliten und neue internationale Bürokratien kann „Radio Television Kosovo" am 19. September 1999 schließlich planmäßig auf Sendung gehen.

Der Erfahrungsbericht aus dem Südosten Europas weitet sich zu einer Berufsbiographie. Als Auslandskoordinator in der ARD-Programmdirektion war Richard W. Dill dreißig Jahre lang so etwas wie ein Außenminister des deutschen Fernsehens. Als Mitglied diverser Expertenteams der Unesco und anderer Institutionen hat er an vielen Plätzen der Welt Erfahrungen gesammelt, in Uganda, in Pakistan, in arabischen Ländern, in Asien und anderswo. Immer wieder musste er spüren, wie schwer das Konzept des Public Broadcasting, eines Rundfunks in öffentlicher Verantwortung, zu vermitteln ist. Plastisch beschreibt er den Grundgedanken: „Rundfunk, der dem Volk gehört. Rundfunk für das Volk, vom Volk bezahlt, vom Volk – über Rundfunkräte – sowohl kontrolliert und überwacht wie auch geschützt und bestätigt."

Dieses Buch vermittelt einen nachhaltigen Eindruck davon, was „Medientransformation in Osteuropa" konkret bedeutet. Der Verfasser ist Macher und Merker zugleich. Er gibt Einblicke in das Berufsbild des internationalen Medienberaters – informationsreich und kritisch, humorvoll, gelegentlich auch mit Pathos, gebremst durch Sarkasmus und Ironie. Lebenslang Botschafter für die Idee des öffentlichen Rundfunks, Berater und Helfer bei ihrer Umsetzung. Ein Bellheim des Rundfunks, der sein „Berufsziel Intendant" erst nach der Pensionierung erreicht hat. Respekt!

München, im September 2003   *Walter Hömberg*

Inhalt

Als Weißer Jahrgang im besetzten Kosovo

Zwischenziel erreicht: Ein Sender schwimmt sich frei

An einem Freitag im Dezember 2001 wird in den Studios des Rundfunksenders RadioTelevision Kosova (RTK) in Pristina eine große Party gefeiert. Ein paar unvermeidliche Reden, dann Musik, Kabarett und Getränke auf Kosten des Hauses bis zum Morgen. RTK, der öffentliche Rundfunksender des Kosovo, geht in kosovarische Hände über. Demokratische Wahlen haben stattgefunden. Es gibt ein Parlament, von dem nur notorische Krisenberichterstatter annehmen können, dass es sich nicht am Ende über wichtige Sachfragen, die im Kosovo immer Personalfragen sein werden, einigen werde. Es gibt im Vorgriff auf ein Rundfunk- oder Mediengesetz eine Satzung für den öffentlichen Rundfunk RTK.

Immer wenn ich von einem „öffentlichen" statt von einem „öffentlich-rechtlichen" Rundfunk rede, zögere ich. Gemeint ist Public Broadcasting, Rundfunk in öffentlicher Verantwortung. Das ist umfassender und weitreichender als der uns in Deutschland geläufige Begriff des Öffentlich-Rechtlichen. Ein kosovarischer Intendant ist gewählt, ein neunköpfiger Verwaltungsrat beaufsichtigt ihn. Jahresetat 12 Millionen Euro, davon schon die Hälfte selbst erwirtschaftet. 300 Mitarbeiter. Nur noch drei ausländische Experten, die auch bald gehen werden. RTK ist Marktführer im Land.

Ich bin als Ehrengast eingeladen, denn ich habe diesem Sender nach dem Kosovo-Krieg mit zur Geburt verholfen. Von diesen Gründungswochen handelt dieser Bericht. Von den Problemen, in einem kaputten Land demokratischen Rundfunk einzuführen. Vielleicht auch als ein Modell für andere Länder, die sich aus vordemokratischen Verhältnissen befreien wollen.

Die Nachhaltigkeit ist noch nicht gesichert

Der Sender ist noch nicht über den Berg. Er muss noch über eine Rundfunkgebühr nachhaltig finanziert werden. Er muss seine redaktionelle Unabhängigkeit und seine Wettbewerbsfähigkeit neben zahlreichen Wettbewerbern unter Beweis stellen. Aber er hat seine Aufgabe, ein populäres und nützliches Programm für die Region herzustellen, bisher vielversprechend erfüllt. Populär *und* nützlich. Jetzt muss er sich seiner zweiten großen Aufgabe stellen: nachweisen, dass das Modell eines Public Broadcasting, eines öffentlichen Rundfunks, tragfähig, konkurrenzfähig sein kann, auch auf dem Balkan.

Hashim Thaci, der durch die ersten freien Wahlen auf den zweiten Rang verwiesene Parteiführer des Landes, begrüßt mich freundlicher als früher. Als Führer der UCK, der so genannten kosovarischen Freiheitsarmee, war er viele Jahre ein großer, fast charismatischer Volksheld im Land. Den Versuch, einen parteiunabhängigen Rundfunk zu gründen, hat er bisher misstrauisch bis ablehnend begleitet. Jetzt strahlt er: „Sie wissen doch, lieber Dill, dass ich nie gegen Ihr Projekt war. Es gab Meinungsverschiedenheiten, richtig, aber im Großen und Ganzen ..."

„Aber ja, Thaci, ich erinnere mich noch genau, wie es war, damals, 1999, und werde es nicht vergessen."

In meiner Rundfunk-Laufbahn habe ich mich für viele Projekte eingesetzt. Für erfolgreiche, öfter noch für hängen gebliebene und versandete. Es entspannt, mit einem aufhören zu dürfen, das die Hoffnungen seiner Erfinder und Nutzer nicht enttäuscht hat. Das vielleicht als Modell für andere osteuropäische Länder dienen kann, deren Rundfunk zwischen Geldherrschaft und Regierungsgängelung hilflos umhertorkelt.

Hurra, wir haben den Kommunismus besiegt

Die Wende im Osten hat uns neue Nachbarn, Partner, Konkurrenten und Kunden beschert. Nicht nur Kabarettisten lästern gelegentlich, wie ordentlich, überschaubar und berechenbar doch die Welt war, als sie noch sauber getrennt war in die Guten und die Bösen.

Sie sind aber nicht mehr kommunistisch, die Länder des Ostblocks und des Warschauer Pakts. Demokratisch allerdings sind sie deswegen noch lange nicht, obwohl ihnen der Maastrichter Vertrag ganz deutlich vorschreibt, dass sie ohne Demokratie nichts in Europa verloren haben. Seit Gorbatschows fehlgeschlagenem Versuch, den Kommunismus zu reformieren und gegenwartstauglich zu machen, auch Wende genannt, schwärmen demokratieerprobte Alt- und Rumpfeuropäer aus, um Neueuropäer, unedle Wilde, zu bekehren und auf den rechten Weg der Freiheit und der Demokratie zu führen.

Ich weiß, wovon ich rede, denn ich bin einer von ihnen. Der vorliegende Bericht handelt von meinen Erfahrungen mit Projekten der Mediendemokratisierung weltweit, besonders auf dem Gebiet der ehemaligen Volksrepublik Jugoslawien.

Die Ostländer sollen die Demokratie erlernen – oder wieder erlernen – und europatauglich werden. Zwei gigantische und nur sehr langfristig – so umschreibt der Berufsoptimist das Unmögliche – erfolgversprechende Aufgaben. Während ich letzte Hand an dieses Manuskript lege, kurz vor dem Irakfeldzug, erzählt eine junge, charmante Polin im Internationalen Frühschoppen der ARD, dass ihr Land eigentlich nur insoweit nach Europa und in die Nato strebe, als dadurch der Schutz durch den großen Freund und Befreier Amerika nicht aufgehoben sei und man nicht etwa unziemlicher deutscher oder französischer Beeinflussung ausgesetzt werde. Niemand widerspricht ihr.

Berufsziel Intendant

Seit 1965 war ich demokratiekundiger Auslandskoordinator der ARD, angesiedelt in der Programmdirektion des Deutschen Fernsehens in München. Den alten Ostblock hatte ich ausgiebig beriechen können, estnische Sauna, russischen Wodka aus der Wasserkaraffe, geschmuggelte Manuskripte und Briefe aus Prag inklusive.

Dass man in einem Beruf, den man von der Pike auf erlernt hat und zu beherrschen glaubt, ein Spitzenamt anstrebt, hielt ich nicht nur für erlaubt, sondern für unausweichlich.

Zweimal kandidierte ich in der ARD als Intendant. Einmal in Bremen gegen Klaus Bölling, einmal bei der Deutschen Welle gegen Conrad Ahlers. Das erste Mal verlor ich knapp – oder eigentlich überhaupt nicht, wie Gerhard Schröder (nein, nicht der Kanzler, sondern der andere, der langjährige NDR-Intendant, der danach in gleicher Funktion zum Pendler nach Bremen wurde) später nicht müde wurde mir zu versichern, weil nämlich Delegierte aus Bremerhaven unbefugt abgestimmt hätten. Beim zweiten Mal hielten nur wenige Überzeugungstäter bis zum Wahlgang durch, die keinen manuskriptkorrigierenden VIP-Chefredakteur wollten, sondern einen konzeptionsfähigen Arbeiter für lebendige deutsche Medienpräsenz im Ausland.

Enttäuschung und Erkenntniszuwachs aus diesen Positionskämpfen verarbeitete ich auf einem Bauernhof in Niederbayern. Dort prophezeite mir eine hellsehende Bäuerin, dass mein Leben erst nach der Pensionierung richtig interessant, aufregend und lohnend sein werde. Ich hatte das lange selbstherrlich verdrängt, schließlich hatte ich einen der interessantesten, vielseitigsten und unabhängigsten Jobs, den die ARD je zu vergeben hatte.

Dann kam die Wende. Hunderte von Moscow-Watchers, die uns jahrzehntelang damit in den Ohren gelegen hatten, dass wir immer mehr rüsten müssten, um den Expansionsdrang der Roten Socken zu Rhein und Ruhr einzudämmen, mussten für kurze Zeit die Luft anhalten. Genug Zeit, um einigen Innovatoren den Zugang in die geschlossene Gesellschaft der Ostexperten zu ermöglichen. Auch mir.

Ich erlebte die Erweiterung der Welt nach Osten – erlebe sie noch – als großes Geschenk. Ich spüre, dass die Menschen dort von Deutschland etwas erhoffen, und zwar nicht nur Geld, abgelegte Kleider und abgelaufene Antibiotika, und dass Deutschland etwas Unverwechselbares zu bieten hat. Gern, ja fieberhaft arbeitete ich in der UER, der Union der Europäischen Rundfunkanstalten, an der Wiedervereinigung der beiden getrennten europäischen Rundfunkunionen – der UER in Genf und ihrer nach dem Krieg nach Prag abgewanderten Schwesterorganisation OIRT, der Internationalen Rundfunk- und Fernsehorganisation des kommunistischen Lagers.

Ein Vielzweck-Experte auf Reisen

In die neuen Länder – die für mich mit Sachsen und Brandenburg nicht aufhörten – fuhr ich als Vielzweck-Experte. Zunächst als Deutscher mit historischem Gepäck. Immerhin hatte es in Deutschland zu meinen Lebzeiten sechs politische Systeme gegeben, davon drei unfreie. Weimar, Hitler, Besatzung, BRD, DDR und die wiedervereinigte Republik Deutschland. Als Angehöriger einer Generation, die sich unter dem Spruchband „Nie wieder Krieg – nie wieder Faschismus" sammelte und orientierte. Als gelernter Historiker – beim alten Schoeps in Erlangen über den Juden Eduard Lasker aus Polen (den Anführer der liberalen Opposition gegen Bismarck) promoviert – mit einer unstillbaren Neugierde und Aufnahmebereitschaft. Als überzeugter umgeschulter Demokrat, der gleichzeitig bereit war, neue Demokratien nicht mit unbilligen Forderungen in die Knie zu zwingen. Schließlich als Rundfunkmann mit einem Credo: dass nämlich eine Demokratie nicht vollständig sei, wenn sie nicht zwischen Kommerz und Staatsaufsicht für einen Rundfunk des Volkes, also für einen öffentlichen, für einen Public Service kämpfen würde.

So traf mich der Abschied von Amt und Büro. Plötzlich bekam meine hellsehende Bäuerin Recht. Erst machte mich die Hochschule für Film und Fernsehen in Babelsberg zum Professor, eine umwerfende und befreiende Erfahrung. Wie viele Menschen hatte ich gelegentlich im Hinterkopf die Frage, ob ich nicht in einem anderen Beruf, an einem anderen Ort, mit anderen Entscheidungsträgern und Kollegen glücklicher geworden wäre. Wie viele Medienarbeiter habe ich mich immer wieder gefragt, ob es nicht ertragreicher, interessanter sei, wenigen etwas als vielen nichts zu erzählen. Folgerichtig bin ich lebenslang meinem Zweitberuf als Lehrer nachgegangen und habe an allen möglichen Universitäten, Hochschulen und Ausbildungsstätten unterrichtet. Im Einparteienstaat Bayern war ich zwar nicht verfolgt, hielt es aber trotzdem nicht für ausgeschlossen, dass es für Menschen links von der Mitte anderswo bessere Entfaltungsmöglichkeiten geben könnte. Da kam mir das von Nordrhein-Westfalen adoptierte Gürtelland Brandenburg gerade recht. Von einem Stoiber-schwarzen in ein Stolpe-rotes Milieu. Dass in beiden Milieus gefilzt wird, wenn auch mit unterschiedlichen Vorzeichen, hätte ich ahnen können. Als in Potsdam eine Verlängerung anstand, kam die UER mit dem Auftrag zu mir, als ihr Beauftragter für Bosnien-Herzegowina das dortige UER-Mitglied in seinem Kampf um Unabhängigkeit und Selbstständigkeit zu unterstützen. Für den nötigen Abstand sorgten Gastprofessuren an der Duke University in North Carolina zur europäischen und deutschen Geschichte. Unvereinbar? In Durham eröffnete ich an der Seite von Julius Schoeps eine Ausstellung über die Rolle der jüdischen Gemeinde von Sarajevo während der Bosnien-Konflikte.

Letzte Ausfahrt dann Pristina/Kosovo, Sommer 1999: Wiederinbetriebnahme eines auf Unabhängigkeit angelegten Rundfunks. Ein Deutscher im Kosovo.

Kosovo – das programmierte Scheitern?

Kosovo ist ein Symbol. Für etwas, das in jedem Leben, in jedem Betrieb, in jedem Land auftritt. Eine Aufgabe, die nicht gelöst werden kann und die trotzdem nicht aufgegeben werden darf. So hatte es mir auch Hans Koschnick, der Europabeauftragte für Mostar, bei einigen Bieren erklärt. Ich hatte noch vor Augen, wie er beinahe gelyncht worden wäre, als er für Mostar eine Kompromisslösung vorschlug, also eine, die nicht einer der beiden zerstrittenen Hassparteien uneingeschränkt Recht gab. Jetzt fragte ich ihn: „Soll ich das machen?" Seine Antwort war denkwürdig. „Die Aufgabe ist nicht zu lösen. Du wirst möglicherweise Schiffbruch erleiden. Und frustriert sein. Aber du musst es machen. Warum? Weil es keine Alternative gibt. Also mach dich auf die Socken." Ich war nur wenige Monate physisch im Kosovo, überwiegend im Sommer 1999. Eine Zeit, die Spuren aufdeckte und hinterließ.

„Was findest du denn an diesem Land?", fragt mich fast jeder, dem ich von meiner Arbeit erzähle. Ich bin um Gründe nicht verlegen.

Erstens, sage ich, ist es ein wunderschönes Land, und es kann, wenn einmal die Landminen weggeräumt sind, ein Paradies der deutschen Fernwanderwegfans und Biker werden.

Zweitens kann man dort (noch) sehr gut und herzhaft und naturverbunden essen und trinken.

Und drittens echte Volksmusik hören.

Viertens ist es angenehm in einem Land zu arbeiten, in dem Deutschland für die meisten mit positiven Erinnerungen und Hoffnungen verbunden ist und in dem Deutsch – nach Serbokroatisch – die zweite Fremdsprache ist.

Fünftens arbeitet es sich gut in einer Gesellschaft, in der alte Menschen Respekt genießen und ein Gehstock als Zeichen von Lebenserfahrung und Weisheit angesehen wird.

Sechstens glaube ich, dass ich dort als Deutscher einen besonders nützlichen Beitrag bei der Bewältigung und Heilung von Kriegswunden leisten kann.

Siebtens sind Krisenzeiten und Krisenländer ein einmaliger Treffpunkt für engagierte, welterfahrene, einfallsreiche und kreative Menschen aus allen Himmelsrichtungen, mit denen umzugehen und zu arbeiten Spaß macht, motiviert, beflügelt, Freundschaften stiftet und meist sogar Ergebnisse zustande bringt oder bei Misserfolgen gemeinsame Frustbewältigung erleichtert.

Achtens, weil ich mit einem unzerstörbaren Basisbestand von Naivität und Zukunftsgläubigkeit begabt und geschlagen bin, der eigentlich nur in Krisenzeiten und -regionen betriebswirtschaftlich verwertbar ist.

Schwitzkasten UER

Die 47. Generalversammlung der UER fand im Juli 1996 in Prag statt. Es war die letzte, an der ich in amtlicher Eigenschaft teilnahm. BR-Intendant Albert Scharf präsidierte, und ich war wie häufig sein außenpolitischer Helfer, wenn er gerade wieder einmal mit mehreren Bällen gleichzeitig jonglieren musste. In Deutschland lief die entscheidende Verhandlungsrunde über die Gebührenerhöhung für ARD und ZDF. In der Schweiz war die FIFA im Begriff, die Fernsehrechte für künftige Weltmeisterschaften nicht mehr dem erprobten Weltkonsortium der Rundfunkanstalten, sondern einer Privatfirma zuzuschustern. Eine albanische Delegation stand vor dem Sitzungssaal und verlangte vom Präsidenten eine Lösung, wie man der UER möglichst kostengünstig beitreten könne. Der bosnische Rundfunk RTVBH war 1995 wieder als verlorener Bruder in den Kreis der UER-Mitglieder zurückgekehrt. Jetzt hatte er – durch die UER – die Rechte für die Olympischen Sommerspiele in Atlanta, aber kein Geld, um Reporter hinzuschicken. Neven Kulenovic, der jugendliche und dynamische Vertreter von RTVBH appellierte an Scharf, ihm zwei oder drei Flugtickets zu besorgen. In der Kaffeepause versammelten sich im Nebenzimmer unter polnischem Vorsitz die Vertreter der alten Prager OIRT, um neue Forderungen zu stellen: Sitze im Verwaltungsrat, niedrigere Beiträge, höhere Zuschüsse für Programm- und Ausbildungsprojekte. Ich schwitzte drei Hemden durch, Scharf watete mit robuster Gelassenheit durch die Trauben von Bittstellern, Erpressern, Wichtig- und Stimmungsmachern, Schwarzsehern und Katastrophenmeldern, Dampfplauderern und Dankabstattern und studierte mit einem Auge bereits das Angebot der Single Malt Whiskys in der Bar für den späteren Abend.

Er hatte bei dieser Tagung noch eine andere Aufgabe: ausscheidende Kollegen zu verabschieden, auch mich. Ich hätte es verstanden, wenn er sich kurz gefasst hätte, aber er war vorbereitet. Er hatte Kollegen um Formulierungshilfe gebeten. Mein Kollege Michael Johnson, BBC-Mann vom

Scheitel bis zur Sohle, angefangen vom Misstrauen gegen jede internationale Zusammenarbeit bis zur Latex-Zweithose von Marks und Spencer, charakterisierte mich freundlich-herablassend und schloss: „He never had his feet quite on the ground." Als mir das ein anderer BBC-Kollege unter dem Siegel der strengsten Verschwiegenheit – eine Kommunikationsform, der die UER ihren hohen Informationsstandard verdankt – vorlas, war ich gerührt.

Erste Managementerfahrungen im Dritten Reich

1945 war ich Kind in einem besetzten Land. Besetzt von Amerikanern, die mich befreit hatten. 1999 in Pristina war ich im Tross der Befreier und Besatzer.

1945, noch keine 13, war ich aus einer Welt, in der nichts möglich war, in eine neue Welt gekommen, in der alles möglich schien. Meine Vaterstadt Nürnberg war abgebrannt, mein Elternhaus zerschossen. Die letzten Monate des Krieges verbrachte ich in einem Flüchtlingslager für Kinder, KLV hieß das damals, Kinderlandverschickung. Aus dem flüchtete ich, teilweise auf dem Kotflügel eines Militärlasters festgekrallt, dessen Fahrer ich als Frühwarner vor Tieffliegerangriffen willkommen war. Im Trümmerhaufen Nürnberg gab es keine Schule, kein Wasser, keinen Strom, keine Verkehrsmittel und nichts zu essen.

Meine ersten Einübungen in die Leistungsgesellschaft verdanke ich dem Dritten Reich. Dort wurde Leistung verlangt und belohnt. Leider selten die, die man erbringen wollte, und selten die, die man gut gekonnt hätte. Ich war lang und schlaksig, längenmäßig schon auf bestem Wege in die SS-Leibstandarte. Ich konnte gut laufen, musste mich aber vorwiegend in Raufspielen und Kampfritualen der verschiedensten Art bewähren. Im KLV-Lager und im deutschen Jungvolk, wo körperbetonter Darwinismus das Recht des starken Primitiven förderte. Ich erkannte bald, dass man Mobbing, auch wenn es damals anders hieß, am besten nach oben ausweicht, nicht nach unten. Ich wurde Mitglied eines FA-Fähnleins, einer Einheit zur Heranbildung von Führungsnachwuchs (FA = „Führer-Anwärter"), wo man sich auch ohne das Argument der blanken Faust einbringen und durchsetzen konnte.

Nach meiner Flucht aus dem Lager fand ich zu Hause eine wichtige amtliche Benachrichtigung vor. Kein Verfahren wegen unerlaubter Entfernung aus dem Lager oder Fahnenflucht: Ich war zum Hordenführer ernannt, der erste höhere Dienstgrad in der Jugendhierarchie. Zwischen Bombenhagel und Artilleriebeschuss der anrückenden Amerikaner bestand ich bei dem gerade mit größeren Ballen Uniformstoff abrückenden NS-Ausrüster auf der Aushändigung des mir zustehenden Winkelabzeichens. Noch im Luftschutzkeller musste es mir meine (kopfschüttelnde) Mutter auf den Ärmel meiner schwarzen Uniformbluse nähen. Was mich dazu bewegte? Naive und trotzige Starrköpfigkeit vermutlich.

Wissen kapitalisieren – ich werde Dolmetscher

Stunden später die amerikanische Besetzung. Ich hatte in der Schule zweieinhalb Jahre Englisch gelernt. Ich beschloss, mich der amerikanischen Militärregierung als Dolmetscher zur Verfügung zu stellen. In das Gebäude der Militärregierung kam man nur mit einem Passierschein der sich gerade formierenden neuen Stadtverwaltung. Die saß in einer Baracke im Hof meines ehemaligen Schulhauses. Da standen die befreiten Heldenopfer aus den Konzentrationslagern herum, in frischgeschneiderter blauweiß-gestreifter Häftlingsuniform, da fanden sich alte Gewerkschafter wieder zusammen, da wurden pensionierte Lehrer reaktiviert, soweit sie nicht Parteimitglieder waren. Ein solch älterer Herr hörte sich mein Anliegen an, ging eine Weile schweigend im Zimmer umher und setzte dann mit einem „Dem Mutigen gehört die Welt" eine schwungvolle Unterschrift unter meinen Passierschein. Der amerikanische Gefreite, bei dem ich dann landete, war etwas verwirrt. „Spell your name", forderte er mich auf. Die-ai-dabbeläll wäre die korrekte Antwort gewesen, auf die ich allerdings erst durch Vorsagen kam.

Der namenlose PFC (Private First Class, bei uns hieße er Gefreiter) schickte mich ins Grandhotel am Hauptbahnhof, das war für die VIPs der Nürnberger Prozesse reserviert, für Deutsche off limits. Dort suchten sie einen Bell Boy, einen Pagen, und stellten mich sofort im abgeschabten roten Rollkragenpullover zum Fensterputzen an die Eingangsdrehtür. Bis der Schweizer Direktor – wenig später wegen Fehlleitung rationierter Nahrungsmittel in die Wüste geschickt – mich wegholte, um mir eine geeignete Livree zu verpassen. Da bediente ich – Stundenlohn 48 Pfennig, aber konvertible Besatzungsmark – das Spitzenpersonal des Internationalen Militärgerichtshofes IMT. Ich sammelte, in Konkurrenz zu den Zimmermädchen, liegen gebliebene Seifenreste in den Gästezimmern, um sie zu verkaufen oder einzutauschen. Ich erfand hungernde und frierende Schwestern aller Altersstufen, um zu verhindern, dass die Dolmetscherinnen bei der Abreise ihre abgelegten Sachen anderweitig vergaben.

Mein Vater war bisher der Meinung gewesen, Fahrradmechaniker sei der wohl zukunftsträchtigste Lehrberuf mit späterer Chance zum Umstieg in die Motorrad-Branche. Jetzt hielt er auch die Gastronomie für chancenreich.

Wenige Monate später zog es mir den Boden unter den Füßen weg, und ich musste die Gastronomie verlassen. Bei der morgendlichen Radfahrt zum Dienst hatte ich mich an einen Traktor angehängt, war gestürzt und von einem gemüsebeladenen Anhänger überfahren worden. Als ich wieder gehen konnte, fing gerade die Schule wieder an, und mein Vater hatte nichts dagegen, dass ich mich an der Oberschule für Jungen an der Nürnberger Löbleinstraße zurückmeldete.

1945: Die Welt kann sich ändern

Ich kam aus dem Krieg mit dem Gefühl, der Gewissheit: Die Welt kann sich ändern, das Leben kann sich ändern. Du kannst dich ändern. Vom Propagandamarsch des Deutschen Jungvolks nach Fliegerangriffen, um niedergeschlagene Volksgenossen durch Gesang aus jungen Kehlen aufzurichten, zur Schlagerparade nebst Gratis-Englischunterricht durch AFN Munich (American Forces Network, ein Besatzungssender mit Sitz in der Münchner Kaulbachstraße). Mit den gelegentlichen Kommentaren von Alten, die wir mit spöttischer Gelassenheit negierten: „Diese Negermusik hätt's beim Adolf nicht gegeben." Nicht alles, aber vieles und Unerwartetes ist möglich. Andere, stelle ich inzwischen bei Durchsicht der Kriegsverarbeitungsliteratur fest, haben es anders erlebt. Autor Dieter Forte, Jahrgang 1935: „Ich bin ein Kriegskind und durch den Krieg geprägt. Also ich empfinde mein Leben als zerstört." Fluch der späten Geburt?

Mal mit, mal ohne Bodenhaftung war ich ein Leben lang dabei, wenn es Anlass gab, etwas anders zu machen als bisher: Schülerselbstverwaltung (Rauchzimmer für Oberklassen), studentisches Aktionsbündnis für einen korporationsfreien ASTA an der Uni Erlangen, Studententheater, Trampen durch Amerika, Fernsehfilme über die fränkische Provinz, Entwicklungsarbeit in Afrika für Unesco, Ruwenzori-Expedition, Mitbestimmungsstatute für Fernsehredakteure, Aufbau der Dritten Programme (erfolgreich), später neuer transnationaler Programme: Europa TV (erfolglos, aber abgelöst durch Arte). Rundfunkvolksbegehren in Bayern. Gemeinderat in Franken für eine linke demokratische Volkspartei. Menschenkette in Neu-Ulm. Transport von Wasserkanistern, damit sich die Demonstranten von Wackersdorf die Tränengasspuren aus den Augen wischen konnten. Eurosport, Euronews.

Wo wäre ich geblieben, rufe ich innerlich dem Stichwortgeber Michael, meinem späten Evaluation Officer zu, wo wären wir alle geblieben mit einseitigem öden Realismus, mit Bodenhaftung, ohne Utopie, ohne visionäre Unvernünftigkeiten? Mut und Raum zur Unvernünftigkeit jenseits der nackten und faden Lebenserhaltungsstrategien gehörten zur Gewinnseite des verlorenen Krieges.

Scharf zur Ehre füge ich an: Er hat in Prag die Vorlage von Michael Johnson nicht verwendet. Stattdessen rühmte er mich als „Schlachtross (battle horse), lebenslang im Einsatz für den öffentlichen Rundfunk."

Ankunft in einem kaputten Land

Pristina, Juli 1999. Die Besatzungstruppen sind im Juni eingerückt, die serbischen Amtsträger ausgewiesen oder geflüchtet. Ich bin in einem Armeefahrzeug die 80 Kilometer von Skopje herübergeholpert, vorbei an der genauso langen, stehenden Lastwagenkolonne, die in den Kosovo drängelt. Jeder Truck hat ein „Priority"-Schild an der Windschutzscheibe, ausgestellt von einer bedeutenden internationalen Institution. Vorbei an den Kolonnen kommen nur KFOR-Militärfahrzeuge. Die müssen oft von der Straße runter über die Felder, wenn wieder ein entnervter Hilfsgutransporteur seinen Unwillen über den Stau dadurch bekundet, dass er die zweite Fahrbahn blockiert.

Mein Auftrag lautet, den Rundfunk in Pristina wieder in Betrieb zu setzen. Schauen was los ist. Bestandsaufnahme. Was ist noch da? Was fehlt? Dann Vorschläge. Was tun? Mit Finanzbedarf. Was kostet 's? Ich frage mich durch zu Botschafter Daan Everts, dem Vertreter der OSZE. Seine Behörde, sein Ministerium ist in der Bank von Ljubljana untergebracht, einem modernen Gebäude, leicht kriegsbeschädigt, geborstene Fenster, Aufzug und Wasser nur unregelmäßig. Wie im Hotel, wie in der ganzen Stadt. Dort kriegt mein Team – Janko, Allround-Ingenieur aus Slowenien, und Mario aus Rom, Spezialist für Sendeanlagen – ein Büro für die Übergangszeit. Als Berater der OSZE haben wir Anspruch auf zwei Plastikflaschen Mineralwasser pro Tag, von der zwei Schoppen für Körperpflege abgezweigt werden.

Besatzung befreit und korrumpiert

Junge Männer in gelben Arbeitsjacken bringen Büromöbel, nach einigen Tagen auch Computer. Es sind die albanischen Hilfsarbeiter der Besatzungsinstanzen. Sie schauen intelligent aus, sind es auch, sprechen brauchbares Englisch. Sie sind hier Mädchen für alles: Fahrer, Putzer, Übersetzer, Möbelpacker, Sekretäre, Boten, Hausmeister, Empfangshelfer, Fahrstuhlführer. Was haben sie vorher gemacht? Viele Lehrer, Englischlehrer. Ein einheimischer Arzt im Krankenhaus verdient 400 Mark im Monat. Ein „Gelber" dagegen 1200, wenn er nur schleppt, und 1500 als Fahrer und Dolmetscher. Die Gelben sind der wichtigste Kontakt der internationalen und ausländischen Mitarbeiter mit der kosovarischen Realität.

Als die Schulen wieder aufmachen, ist mein gelber Dienstmann immer noch da. „He, Maksut, was hast du hier noch verloren? Schule hat angefangen!" Maksut ist indigniert. Ausländer haben sein Leben nicht unter die Lupe zu nehmen, nicht zu kommentieren. Natürlich habe ich ihn kalt erwischt. Das macht ihn wütend. Da ist er wieder, der Satz, der einem auf dem Balkan fast täglich begegnet: „Ihr habt ja keine Ahnung!" Wir sind für sie wie meine Ami-Besatzer in Nürnberg 1945: Krieg gewonnen, ja leider, aber sonst doof und unbeleckt, auf den einheimischen Blindenführer angewiesen. Die haben keine Ahnung, wissen nicht was Krieg bedeutet: Hunger, Kälte, Tod, Vertreibung, Lager, Krankheit, Unterernährung, Stromsperre, Geldmangel, Sperrstunde, Schwarzmarkt, Benzinmangel, Arbeitslosigkeit, Reisebeschränkungen, Enge, Hoffnungslosigkeit und verzweifelte Illusionen. Maksuts Dilemma, nachvollziehbar. Entweder für 400 Mark Englisch unterrichten an einer ramponierten Schule oder für 1200 Mark überqualifiziert Bürogeräte schleppen, aber die Großfamilie ernähren.

„Und wer gibt mir die fehlenden 800 Mark?"

„Maksut, die hattest du doch vorher auch nicht. Die Zukunft eurer Jugend ist wichtiger als die Episode der Besatzungszeit. Warum verstehst du das nicht?"

„Du hast ja keine Ahnung!"
Besatzungstruppen, Occupation Forces. Das verwende ich hin und
wieder in Briefen und Berichten. Einigen Amis und Engländern stößt das
sauer auf. Wir sind keine Besatzer, wir sind Friedenstruppen, Peace Kee-
ping Forces. Ihr versteht nicht. Ich bin in einem besetzten Land aufge-
wachsen, Deutschland war besetzt, genau genommen bis zur Wiedervereinigung ohne volle Souveränität. Besatzung war Befreiung. Besatzung ist
gut, hilfreich, ernährend, vertrauenerweckend. Richtig, mit der Besatzung
kommen der Kaugummi und das colahaltige Erfrischungsgetränk, die
Stork Clubs für Besatzungssoldaten und das Fräuleinwunder, die Negermusik, kommen Anbiederung und Schwarzmarkt. Und das große Gemaule
und Gemecker über die Fehler der neuen Machtinhaber in seligem Vergessen darüber, wie schlecht und lebensgefährlich und unterernährt man noch
vor Wochen lebte.

Ohne Besatzung und Besatzer wäre ich heute vielleicht Gauleiter in der
Ukraine, in den arisierten Ostgebieten. Das verstehen sie noch weniger.
Warst du vielleicht Nazi? Mensch, mit 13 ist man das, was einem die
Umwelt beigebracht hat. Wir alle könnten Faschisten sein, auch ihr. Besat-
zung hat mir die Chance zur Freiheit gebracht. Durch AFN haben wir
unser rudimentäres Schulenglisch erweitert und uns zum Erlernen der
Grammatikregeln für das Gerundium motiviert.

Wenn ich von Besatzung rede, dann von etwas Notwendigem und
Freundlichem. Im Übrigen ist es ja sogar völkerrechtlich korrekt: Wer
Krieg führt und dabei einen Teil des bekriegten Landes besetzt, verwaltet,
betreut, ernährt, wiederaufbaut, ist Protektor, aber auch Okkupant, Beset-
zer. „Ami go home", das kritzeln nur die Hinterbliebenen des abgehalfter-
ten Systems an die Ruinenwände, in Deutschland 1945 übrigens ebenso
wie hier. Hier in Pristina steht an den Wänden weitaus häufiger: USA =
UCK. Freudige Zustimmung zu der weitverbreiteten Lesart, dass die Amerikaner und ihre Verbündeten lediglich als Hilfstruppen der kosovarischen
Freiheitskämpfer gegen die Serben eingerückt seien. Ein Missverständnis,
aber ein hartnäckiges und bis heute weithin unkorrigierbares.

Konsequenterweise darf ich mich jetzt nicht ärgern, wenn uns jemand
Besatzungssender nennt.

Rundfunk muss her

Joe ist zu uns gestoßen. Joe McCusker, der Leiter der UN-Fernsehabteilung. Er soll hier einen UN-Fernsehsender aufbauen. Einen, der darüber aufklärt, was die UN-Verwaltung als oberste Zivilinstanz tatsächlich tut. Minenräumen, Straßen und Brücken reparieren, zerstörte Häuser aufbauen, Brunnen reinigen, Lebensmitteldepots einrichten, Flüchtlinge betreuen, eine neue provinzeigene Verwaltung vorbereiten. Baumaterialien bereithalten und eine Polizeitruppe anlernen, welche die Plünderung dieser Lager verhindert. Das interessiert die internationalen Medien nicht und die örtliche Presse nur bedingt. Ich bin Dualist, Anhänger des dualen Systems. Das Volk braucht Brot und Spiele. Aber erst das Brot, bitte. Was du, Joe, von diesem neuen Sender erwartest, das machen in Europa die Öffentlichen, die Public Services. Davon hat Joe gehört. Nirgends kann der UN-Bevollmächtigte Kouchner sich an die Menschen wenden, für die er Tag und Nacht arbeitet, erklärt er mir. Also brauchen wir einen UN-Sender.

Nein, einen Public Service. Der UN-Sender wird eines Tages abgebaut und ins nächste Krisengebiet verfrachtet. Unser Sender soll bleiben. Also gut, du machst regelmäßig UN-Beitrags-Pakete, die zeichnen wir als solche aus, und das läuft dann in unserem Programm.

OSZE-Botschafter Everts, mein Auftraggeber, erklärt mir das Gefüge der Autoritäten. Die Staatsgewalt ist bis auf weiteres in der Hand der Dings, der Besatzer, nein, der kriegführenden, äh der Frieden stiftenden Instanzen unter Federführung der Vereinten Nationen. Es gibt einen Militärzweig, der heißt KFOR (Kosovo Forces). Der untersteht formell der Nato, real sind die Amerikaner allerdings ein wenig gleichberechtigter als die anderen, obwohl sie jahrelang Gründe fanden, um ihre UN-Beiträge nicht oder nur schleppend zu bezahlen. Den Zivilbereich organisiert UN-MIK, die United Nations Mission in Kosovo. An der Spitze steht der SRSG, der Sonderbevollmächtigte des UN-Generalsekretärs (Special Representative of the Secretary General). Er hat als Grundlage seiner Arbeit die magere Resolution 1244 (1999) des UN-Sicherheitsrates, die in immer unleserlicher werdenden Fotokopien als Basisinformation verteilt wird und von Tag zu Tag mehr Interpretationsunsicherheiten verbreitet. Es gibt vier „Säulen" der Exekutive. Um Allgemeine Verwaltung (Civil Administration) kümmert sich die UN selber. Um Flüchtlingswesen das Internationale

Flüchtlingshilfswerk UNHCR. Um Wiederaufbau und Finanzierung die Europäische Union. Dann kommt die OSZE, die Organisation für Sicherheit und Zusammenarbeit mit Sitz in Wien. 1990 als Nachfolgeorganisation der KSZE zur Vermeidung und Schlichtung bewaffneter Konflikte in Europa gegründet, ist sie, wie die Unesco, ein merkwürdiger Verein. Hohes Ansehen, wenig Geld. Was es zu finanzieren gibt, müssen die 57 Mitglieder aus freien Stücken aufbringen. „Donor's Conferences", Bittstellerkonferenzen zur Einholung freiwilliger Spenden, sind ihr hauptsächlichstes – und inzwischen hochwirksames – Finanzierungsinstrument.

Die OSZE hat einen Wissens- und Handlungsvorsprung. Sie sollte vor dem Krieg ein Netz von unbewaffneten Beobachtern – Verifikateure genannt – zwischen den streitenden Parteien vor Ort installieren. Sie sollten – übrigens mit serbischer Zustimmung – das „Auge der Welt" sein und Übergriffe beider Seiten, wenn schon nicht verhindern, so doch wenigstens bezeugen und dokumentieren. Als rund 1300 von den vorgesehenen 2000 Friedenswächtern vor Ort waren, begann der Krieg. Für Kriege findet sich leichter Geld und Personal als für Friedensmissionen. Das OSZE-Kontingent wurde evakuiert. Einige Mitglieder der Mission übersommerten im nahen Skopje und kamen als orts- und sachkundige Experten nach dem Waffenstillstand sofort wieder ins Land.

Der oberste OSZE-Vertreter vor Ort ist Daan Everts. Zuständig für Capacity Building, wie soll ich das übersetzen, gesellschaftlichen Wiederaufbau. Demokratische Basisorganisationen und Parteien erneuern oder begründen. Ein örtliches Justizwesen schaffen, mit Richtern, Polizei, Strafvollzug. Vorbereitung demokratischer Wahlen. Vor allem aber Medien: Print, Hörfunk, Fernsehen. Wenn Kouchner Ministerpräsident ist und die Vorstände der vier Säulenbereiche Minister, dann ist Everts Informationsminister. So rede ich ihn auch gelegentlich an. „Dann sind Sie jetzt mein Rundfunkdirektor", meint Everts. Solange es nichts zu dirigieren gibt, einigen wir uns auf den Titel Chairman, Interim Management Board, RTK, Radio Television Kosovo. Everts lässt sich täglich Detail-Karten über die Entminung von Landstraßen vorlegen. Erst später komme ich dahinter, dass ihn das vor allem aus Fitness-Gründen interessiert: Er will wissen, auf welchen Straßen er mit seinem Mountain-Bike stressfrei trainieren kann. Wenn das Kosovo in nicht allzu ferner Zeit Neuseeland als Paradies der Mountainbiker entthront haben wird: Daan Everts war der Pionier.

Acht Optionen für Kosovo/Kosova

Wozu ist das UER-Team da? „Ihr seid hier, um den unter unsäglichen Opfern errungenen Sieg unserer heldenhaften Revolutionsarmee UÇK zu sichern", sagen khaki-gedresste albanische Kämpfer. „Ihr seid hier, um die letzte stolze und unbeugsame europäische Ordnungsmacht Serbien zu vernichten und euch euerem westlich-kapitalistisch-scheindemokratischen Ausbeutungssystem einzuverleiben", sagen Serben, soweit sie sich überhaupt noch etwas zu sagen trauen. Der Vorsatz, unparteiisch zu bleiben, wird täglich auf die Probe gestellt. Hier gilt es als unmoralisch, nicht Partei zu ergreifen. Management-Regel Nummer eins in unübersichtlichen Entscheidungsprozessen: Man macht eine Liste der Alternativen und bewertet die einzelnen Optionen. Wie es scheint, stehen dem Kosovo langwierige Entscheidungsprozesse bevor. Ich zähle acht denkbare Entwicklungslinien. Die scheinen einzuleuchten, denn ich werde immer wieder aufgefordert, sie zu wiederholen:

1. Internationales Protektorat auf lange oder längere Zeit.
2. Unabhängigkeit als souveräner Staat, als UN- und EU-Mitglied.
3. Weiterhin Bestandteil der jugoslawischen Föderation unter veränderten Vorgaben.
4. Mitglied einer neuen regionalen Föderation ohne Belgrad, z.B. mit Montenegro, Mazedonien, Albanien.
5. Kantonisierung und Aufteilung der Kantone unter den Einfluss konkurrierender Gruppen und Mächte.
6. Keimzelle eines Groß-Albaniens für alle Albaner in der Region.
7. Rückkehr zu Krieg und Chaos.
8. Weiterdriften ohne Entscheidung und Beckenbauerismus: „Jetz wart ma moi, dann sehng mer scho."

Eine Check-Liste, die mit geringen Abweichungen auf viele Balkanländer anwendbar ist. Jedes Modell hat seine Befürworter, Gegner, Drehbuchschreiber. Ist es möglich, hier zu arbeiten, ohne das eine Szenario zu befürworten und ein anderes zu verwerfen und zu bekämpfen?

Die UN haben sich auf Option drei eingelassen. Die Sicherheitsratsresolution 1244, die die Grundlage des Eingreifens der UN im Kosovo schafft, setzt die Beendigung von Feindseligkeiten an erste Stelle. Aber die vorübergehende internationale Verwaltung für Kosovo soll der Bevölkerung des Kosovo zur weitgehendenden Autonomie „*innerhalb* rung des Kosovo zur weitgehendenden Autonomie „*innerhalb der Bundesrepublik Jugoslawien*" verhelfen. Niemals, sagen die wichtigsten Parteien im Kosovo in seltener Übereinstimmung. Wir werden nichts anderes akzeptieren als Option zwei, vollständige Souveränität und Unabhängigkeit. Die Schreckensgestalt Milosevic kam diesen Bestrebungen entgegen. Die Welt sah ein, dass Kosovo nicht unter dem Dach der Aggressoren weiterleben wollte und konnte. Daher auch die kalte Schulter der Kosovaren gegenüber einer demokratischeren Regierung in Belgrad. Gegen deren Ansprüche auf Kooperation im Rahmen eines Bundesstaates wird schwerer zu argumentieren sein. Weil diese zwei Optionen sich hart im Raume stoßen, bleibt real nur die Option eins, Besetzung, wenn man die Situation sieben vermeiden will.

Wie lange müssen die Friedens-/Besatzungstruppen bleiben? Realistische Antworten schwanken zwischen zehn und 25 Jahren. Und wenn die Amerikaner ihre Präsenz reduzieren? Dann müssen die europäischen Verbündeten Farbe bekennen, ob sie ihren eigenen Vorgarten auch ohne amerikanische Raketen befrieden wollen und können.

Erste Kontakte: ein abweisendes, aber deutschfreundliches Land

Bestandsaufnahme

Einige Hundert Schritte vom Grand Hotel in Pristina, nach dem Feldzug die einzige erträgliche Herberge für alles, was nicht in Kasernen und Zelten hauste, ist das Rundfunkgebäude des alten RTP – Radio Television Pristina. Ein Glied der alten jugoslawischen Rundfunkdachorganisation JRT: Das war ein angesehener Verein, föderalistisch aufgebaut. Jugoslawien war nicht im Warschauer Pakt, kein Ostblockstaat. Sozialistisch zwar, aber nicht stalinistisch. Offen für Westurlauber. Führend in der Theoriediskussion über einen „dritten" Weg zwischen Kapitalismus und Kommunismus. Zu meiner Studienzeit musste jeder den Abweichler Milovan Djilas, einst Titos Stellvertreter, und seine Plädoyers für einen unbürokratischen, föderalen, humanitären Sozialismus gelesen haben. Federführend innerhalb der UN und anderer internationalen Organisationen als Sprecher der Blockfreien, die im Kalten Krieg immer wieder überraschende Stimmenpakete sowohl gegen Russland wie gegen Amerika schnüren konnten. Die JRT war also auch kein Mitglied der sozialistischen Rundfunkinternationale OIRT in Prag, vielmehr ein frühes, treues und verlässliches Mitglied der UER in Genf. Nach innen ein föderalistisches Gebilde, der ARD nicht unähnlich, mit weitgehend selbstständigen Produktionsstätten in allen Teilrepubliken. Komfortable große Funkhäuser, auch in der Provinz Kosovo. 2000 Mitarbeiter zur Versorgung von zwei Millionen Menschen. 1990 dann der große Entalbanisierungsschritt: Alle Albaner werden entlassen, durch Serben ersetzt. Die albanische Sprache aus Hörfunk und Fernsehen verbannt. Albanische Journalisten arbeitslos, viele von ihnen in Haft.

Jetzt sind die Serben verjagt. Verständlich, dass die ehemaligen Mitarbeiter auf Wiedergutmachung, Wiedereinstellung, Wiederaufnahme der Sendegepflogenheiten aus der Zeit vor 1990 hoffen. Sie haben einen Interessenverband gegründet, angeblich fast 1000 Mitglieder. Der soll die maßgebende Instanz bei der Wiedergeburt des Rundfunks sein.

Seine Sprecher schreiben nach Genf an die UER: Wir sind ein altes verdientes UER-Mitglied in Not. Die Besatzer wollen uns nicht in unsere eigenen Gebäude hineinlassen, um aufzuräumen und die Sendungen wiederaufzunehmen. Helft uns. Generalsekretär und Präsident der UER beraten sich. In Sarajevo sind wir zu spät aktiv geworden. Da hatten wir auch ein Mitglied, RTVBH, den Rundfunk von Bosnien und Herzegowina, ein renommierter, erprobter Sender. Er hatte 1984 die Berichterstattung von den Olympischen Winterspielen gesichert. In dessen zerschossenen Gebäuden saßen während des gesamten Bosnienkrieges und bis 1996 unsere Korrespondenten. Was die Welt von diesem Krieg erfuhr, erfuhr sie durch diesen Rundfunk, dessen Mitarbeiter unter unbeschreiblichen Arbeitsbedingungen auf Sendung blieben. Ungeschriebene Heldentaten unter unaufhörlichem Beschuss. Nach dem Krieg stand der Sender im Abseits. Da er staatlich war, wollten ihn die Verfechter einer nur kommerziellen Rundfunkfreiheit „abwickeln". Da er sich für die bosnische Sache einsetzte, wurde er von oberflächlichen internationalen Beobachtern mit den serbischen Sendern von Pale und Banja Luka als angeblicher Hetzsender in einen Topf geworfen. Da er kein Geld hatte und Spenden auch von islamischen Ländern annahm, wurde er als Werkzeug des islamischen Fundamentalismus denunziert. Wenn er über die Aktivitäten eines gewählten Regierungschefs berichtete, wurde das von Lobbyisten und ahnungslosen internationalen so genannten „Monitoren", also Rundfunkbeobachtern, als Parteisendung rubriziert. Da er lokal verankert war, die Besatzer aber der Fiktion eines gesamtbosnischen Rundfunkauftrags verpflichtet waren, wurde ein neuer Sender – OBN (Open Broadcasting Network) – geplant und mit internationalen Subventionen hochgezogen. RTVBH drohte unter die Räder zu kommen. Auf der UER-Generalversammlung 1996 in Prag entwarf ich eine Resolution, die auch angenommen wurde: Die UER beschließt, ihr Mitglied in Sarajevo nach Kräften zu unterstützen. Sie beruft zwei Emissäre, die den Kampf um einen unabhängigen öffentlichen Rundfunkdienst unterstützen sollten. Vor Ort durch Bettel-Touren bei UER-Mitgliedern und potenziellen Sponsoren. Durch Lobbying in Brüssel. Eine schwierige Aufgabe für meinen schwedischen Technikerfreund Sven-Olof Ekholm und mich.

Hatten wir Erfolg? Wie man's nimmt. Der dem Land aufgepfropfte, angeblich unabhängige Sender OBN hat sich in ein – völlig übersetztes und daher unterfinanziertes – kommerzielles Umfeld eingeordnet. Dass ihm schließlich die internationalen Subventionen entzogen wurden, entsprach nicht meiner Absicht und meinen Empfehlungen: Ich hätte RTVBH und OBN, also den alten und den neuen Sender, gern unter einem großräumigen öffentlich-rechtlichen Dach vereinigt gesehen.

Der Sender RTVBH – Musterfall eines Konfliktes in vielen Ländern: Wie bringt man die Interessen verschiedener Bevölkerungsteile und „Ethnien" unter einen Hut? Wie verhindert man, dass eine Zentrale über die Peripherie herrscht oder umgekehrt, dass lokale Interessen in einem Senderverbund alles Gemeinsame aushöhlen? Fragen dieser Art sind in Europa auf vielfältige Weise gelöst worden: in der Schweiz, im ARD-Verbund. Erträglich, wenn auch nicht unbedingt vorbildlich in Belgien.

RTVBH sollte, so dachten wir, wieder der übergreifende nationale Sender werden, unter dessen Dach die Bosnier, die Kroaten und die Serben gemeinsam leben, produzieren und senden könnten. Das ist bisher nicht gelungen. Der Sender in Sarajevo wurde formal aufgelöst und geteilt, seine Ressourcen aufgesplittet. Einmal entstand FTV, das die „Föderation", also die Gemeinschaft von Bosniern und Kroaten, mit zwei Fernsehprogrammen bedient, nebst einem entsprechend begrenzten Föderationshörfunk. Daneben befindet sich, im Fernsehen PBS, im Hörfunk Radio Jedan genannt, ein „interethnischer" öffentlicher Rundfunk im Aufbau für alle Landesteile, die (bosnischen) Serben eingeschlossen. Positiv ist daran jedenfalls, dass die Optionen für einen öffentlichen Rundfunk noch nicht verspielt sind.

Ein Team formiert sich

Jetzt also die neue Gestaltungschance in Pristina. Sarajevo als warnendes Beispiel vor Augen, wie schwer das Konzept Public Broadcasting international zu vermitteln ist – vor allem bei unseren amerikanischen Verbündeten. Die Führung der UER ist sich einig: Wir müssen etwas tun, damit das Konzept eines unabhängigen Rundfunks europäischer Prägung nicht unter die Räder kommt. Die Voraussetzungen sind günstig. In New York sitzt als einer der Stellvertreter des UN-Generalsekretärs der Franzose Bernard Miyet. Der hatte sich schon jahrelang von Frankreich aus für eine pluralistische europäische Medienlandschaft unter Einschluss des „Service Publique" eingesetzt. Kosovo-Beauftragter ist Bernard Kouchner, ein liberaler Franzose mit Regierungs- und Europa-Erfahrung. „Vielleicht können wir mit denen ein europäisches Rundfunkkonzept durchsetzen?" Anruf bei

Miyet: „Kosovo braucht demokratischen Rundfunk. Lassen Sie uns diesmal den ersten Schritt richtig machen. Wir sind bereit zu helfen." Miyet fragt zurück: „Könnt ihr ein Erkundungsteam bereitstellen? Wie schnell?" So war unser Auftrag zustande gekommen. Ein Teamchef aus Deutschland, ein Ingenieur aus Ljubljana, ein Telecom-Experte aus Rom. Von der ARD, von RTVSL und von der RAI. Drei UER-Mitglieder mit umfassender Osterfahrung. In der ARD ist es der Bayerische Rundfunk, der vom Studio Wien aus die Berichterstattung aus ganz Südosteuropa gewährleistet. RTVSL in Slowenien, das erste und einzige Land, dass sich fast unblutig aus dem Tito-Imperium lösen und nach Europa zurückkehren konnte. Da sie es gut getroffen haben, sind sie heute gern und überall Vermittler, Dolmetscher, Berater für ihr ehemaliges Vielvölkergefängnis. RAI schließlich hat unzählige Hilfsprogramme initiiert. Im Mittelmeerraum, in arabischen Ländern, in Albanien. Drei Sendeanstalten also mit der Bereitschaft und der Fähigkeit, andere am eigenen Erfolg teilhaben zu lassen.

ARD und ZDF bekommen Zuschauergebühren dafür, dass sie Programme erstellen und verbreiten. Deshalb können sie Sender in Entwicklungsländern – und zu denen zählen fast alle Länder aus dem ehemaligen Einflussbereich der Sowjetunion – nicht direkt mit Geld unterstützen. Sie können aber anderes. Lange Zeit konnten sie Programme günstig oder kostenlos abgeben, bis eine kurzsichtige auswärtige Kulturpolitik die Vertriebsgesellschaft TRANSTEL, die solche Programmlieferungen organisierte, zerschlug. Die Argumente: Der kommerzielle Austausch könne dies inzwischen ohne eigene Agenturen und Subventionen leisten. Und wer Deutsches wolle, könne ja jederzeit die Deutsche Welle anpeilen. Die BBC verschenke auch nichts, und ihre Programme würden trotzdem weltweit verbreitet und wahrgenommen. Wem der Sinn nach deutschem Programm stünde, der könne sich ja über Satellit ein schier unbegrenztes Angebot ins Wohnzimmer schalten lassen. Alles nicht falsch. Aber wichtig wäre, dass lokale Sender in ihren regulären Programmen deutsche Sendungen aus und über Deutschland zeigen. Das ist weniger und weniger der Fall. Dennoch: Trotz aller Schwierigkeiten gibt es immer wieder Anstalten, Sender und Produzenten, die Programme unter erschwinglichen Bedingungen auch an kleinere und ärmere Sender abzugeben bereit sind. Als Berater solcher Anstalten ist man zuerst Programmschnorrer:

„Lieber SFB, kannst du uns das Jugendmagazin Moskito, das sich mit Reisevergünstigungen der europäischen Eisenbahnen für Jugendliche beschäftigt, überlassen?"

„Gern, aber wer übernimmt die Kosten?"

„Tut mir Leid", sage ich, „das Band und die Überspielung kann der übernehmende Lokalsender leider nicht bezahlen. Auch für Synchronisation oder Untertitelung fehlen ihm Gerät, Personal und Geld. Aber dafür finden wir vielleicht Sponsoren."

Erst Programme erbetteln. Dann Geräte. Überall auf der Welt wird altes Gerät ausgemustert und neues angeschafft.

„Welche eurer abgeschriebenen Geräte könnt ihr abgeben? Drei analoge E-Kameras? Sehr gut. Den Transport wenigstens soll der Empfänger bezahlen? Geht nicht, aber ich rede mal mit der Bundeswehr. Die kann vielleicht eine Kiste zuladen, wenn sie Truppen vor Ort versorgt."

Weltmeister der Geräteschnorrer ist unbestritten Hermann Stumvoll, ein pensionierter Einkaufschef des BR für technisches Gerät. Der klappert unermüdlich seine alten Lieferanten ab und entlockt ihnen Ausrüstung für Sarajevo. Ohne Onkel Herrmanns Wundertüten wären in Sarajevo schon öfter die Lichter ausgegangen. Ja, und ausbilden können wir noch. Und Experten schicken. Und – leider, da häufig nicht gut durchdacht – Seminare abhalten, weil wir da unsere eigenen Mitarbeiter am besten honorarpflichtig in Szene setzen können.

Wo sind die Schlüssel?

Vor dem Rundfunkgebäude ist ein Durchlass im Stacheldraht. Der Hörfunk hat wenige Stunden vor meiner Ankunft wieder zu senden begonnen. Das war die Tat von Mirjana, einer französischen krisenerprobten OSZE-Mitarbeiterin, die in allen Weltsprachen, einschließlich Serbokroatisch, herumkommandieren kann, ohne jemals Luft zu schnappen. Sie war schon vor dem Krieg für die OSZE vor Ort und hat die Zeit des Feldzugs in Mazedonien verbracht. Sie macht mich als erstes mit dem Schlüsselspiel und mit dem Minenräumspiel vertraut. Alle öffentlichen Gebäude sind gesperrt. Um sie zu betreten, braucht man zunächst die Freigabe von einem Minenräumkommando und zweitens einen Schlüssel und drittens, wenn man drin ist, Security, eine Torwache, die Unbefugten den Eintritt verwehrt. Die Minenräumer muss man bei KFOR anfordern, und die kommen, wenn sie da sind und keine Stunde früher. Eilig und vorrangig ist hier alles, also werden die Wartelisten nach Eingang der Anträge behandelt. Da Pristina britische Besatzungszone ist, ist der Antrag bei der zuständigen

Militärbehörde zu stellen. Die Schlüssel haben eher Symbolwert. Warum eine Tür aufsperren, die man zwei Meter daneben durch ein zerbrochenes Fenster umgehen kann? Aber die Schlüssel gibt es. Vermutlich haben sie ehemalige Mitarbeiter mitgenommen, sichergestellt, gerettet. Die soll man finden, zurückerwerben, mit den Schlüsselbewahrern reden, verhandeln. Die wissen vielleicht sogar, wo das eine oder andere Gerät ist.

Die Botschaft ist klar: „Ohne die früheren Mitarbeiter seid ihr aufgeschmissen, also arrangiert euch." Mirjana hat die Schlüssel bekommen, hat das Funkhaus betreten. Mit ihr strömten die ersten drei Dutzend früherer Mitarbeiter durch die Tür, improvisieren jetzt Hörfunkarbeit. Albanisch, serbisch, türkisch. Ich schaue eine Weile zu. Dann sage ich: „So sollten wir im Fernsehen nicht anfangen. Einige einfache Prinzipien: Es muss einen redaktionellen Leiter geben. Der Verantwortung trägt für das, was gesendet wird. Einen Leiter, nicht einen netten Kollegen, dem man mitteilt, worauf man heute Lust hat oder warum dieser Auftrag leider nicht durchführbar war. In Krisenzeiten besonders. Es muss einen verbindlichen Sendeplan geben, wenn auch provisorisch, wenn auch nur für wenige Tage."

Ich nehme an einer Redaktionssitzung teil. Viel zu viele Teilnehmer, fast zwei Dutzend, von denen sich die meisten sichtlich langweilen. Es werden Themen für den heutigen Abend diskutiert und vergeben. Zwei Stunden später gehe ich durch die Redaktion. Da sitzt ein freundlicher Kollege im Zigarettenqualm beim Kaffee und liest Zeitung. „Sie wollten doch was machen über Wiederaufbau der Wasserversorgung?" Er schaut mich strafend und nachsichtig an. „Du hast ja keine Ahnung", sagt sein Blick. Nach Insistieren lässt er sich herab, mir zu erklären, dass er hier der Chef sei und die Arbeit selbstverständlich seinen Mitarbeitern übertragen habe. „Welchen Mitarbeitern denn, Sie haben doch den Auftrag bekommen?" „Na den Mitarbeitern von früher eben", die sich gut auskennen und die jetzt bereit sind, unter meiner Leitung unbezahlte Vorleistungen zu erbringen, bis Sie, Herr Intendant, Ihre Aufgabe erfüllen, das erforderliche Geld ranzuschaffen." Kann ich diesen Schnösel nicht gleich rauswerfen? Nein, kann ich nicht. Es wird Monate dauern, bis mein Nachfolger den steuerlos vor sich hinwuchernden Hörfunk, der natürlich auf eine gewisse Popularität und Resonanz verweisen kann, wieder in den Griff bekommen wird.

Nein, so will ich im Fernsehen nicht anfangen.

Mitbestimmung der Redakteure, ja. Versteht sich für ein lebenslanges Mitglied der Mediengewerkschaft. Aber Gefangener einer Redaktion, die weder Informationen entgegennimmt noch abgibt? Niemals! Der Leiter darf nicht Geisel der Technik sein: Empfänger weder der freudestrahlenden Mitteilung, dass das Abspielgerät dank übermenschlichen Einsatzes tatsächlich rechtzeitig abspielen könne, noch des betrübten Achselzuckens, dass dies oder jenes Gerät leider, leider nicht betriebsbereit sei. Wer arbeitet, muss wissen, was er zu tun hat. Bargeld ist nicht im Haus, und auch ich habe keins mitgebracht. Mensch, halte dich an deine Erfahrungen: Niemals einem Handwerker einen Hammer in die Hand geben, bevor klar ist, was er zu tun hat und wie er dafür entlohnt wird. Die treuherzigen Kollegen, die dort alle absprachelos in die Tasten greifen, beunruhigen mich. Es wird auch schnell klar, dass sie unterschiedlichste und höchste Erwartungen haben. Sie kriegen ihren Job zurück, die arbeitslosen Jahre werden nachgezahlt. Mirjana, Hörfunk ist gut und notwendig für dieses Land, über lange Zeit fast noch wichtiger als Fernsehen, und, ja, es muss improvisiert werden. Aber diese Tesafilm-gestützte Notoperation auf einem lecken Kahn? Bin ich dagegen. Mal nach dem Fernsehen schauen.

Ein Fernsehstudio als Truppenschlafsaal

Das ehemalige Fernsehgebäude – lagerhausähnlich – liegt mitten in einem Wohnviertel. Bewacht von KFOR-Soldaten. Man braucht eine Genehmigung, um hineinzukommen und – claro – einen Schlüssel. 36 Stunden gehen wir der „Schlüssel-Legende" nach. Die UCK oder die ehemaligen Mitarbeiter oder beide sollen Schlüssel haben, wollen rasend gern über die Übergabe verhandeln und bei der Abnahme dabei sein. Liegt die Entminungsbescheinigung vor? Mir reißt die Geduld. Mit Mehdi, einem Ingenieur, der 1989 entlassen wurde und der durch ein Schreiben an die UER nach Genf unsere Mission in Gang gesetzt hatte, fahren wir vor. Mehdi ist unser Verbindungsmann. Sympathisiert mit uns und unseren Bestrebungen, Rundfunk auf zeitgemäße Weise wieder in Betrieb zu setzen. Steht gleichzeitig, wie wir immer mehr mitkriegen, unter starkem Druck seiner ehemaligen Arbeitskollegen. Sorge dafür, lautet sein Auftrag, dass die nichts machen, was nicht mit uns abgesprochen ist. Diese Doppelrolle wird ihn in den nächsten Monaten noch massiv belasten.

Drohend auf uns gerichtete Maschinenpistolen der Red Berets, der englischen „Rotkäppchen", eine Elite-Truppe wie unsere GSG 9 oder die Marines. Joe, mit Vietnamerfahrung, verhandelt. Die Rotkäppchen sind am Abziehen, es kommt stattdessen ein Bataillon Royal Irish, also loyale englische Truppen aus Ulster. („Ein Skandal, dass die sich Irish nennen dürfen", schnaubt der irische OSZE-Kollege von der Fahrbereitschaft, der meine Dienstfahrten zu organisieren hat.)

Die richtige Frage: Wo ist der kommandierende Offizier? Der wird gefunden, stellt Begleitschutz. Wir betreten das Gebäude: Überraschung. Kein Schlüssel vonnöten, der Bau ist Quartier für eine englische Einheit. Im ehemaligen Studio stehen Schlafliegen, es gibt eine improvisierte Bar. Der Gedanke, sie müssten da wieder weichen, stimmt die Soldaten nicht gerade besucherfreundlich. Das Ganze ein Chaos. „Status minus zwei", sagt Janko. Das heißt: Fenster auf, alles auf den Hof werfen, was drin ist, und neu anfangen.

Wie, wann werden wir hier den Betrieb aufnehmen? „Der Betrieb hat begonnen, als der Intendant durch die Tür ging", improvisiere ich. Allgemeine Zustimmung. Wir sichern uns einen Parkettplatz beim Abzug der Rotkäppchen. Musik, Blumen, schluchzende Mädchen – wie im Film.

Erst Monate später wird mein Nachfolger Eric Lehmann hier mit der Neueinrichtung von Studios beginnen.

Ein improvisiertes Irish-Music-Pub

„Gibt 's hier keine Musik?", frage ich am Abend. „Nein, Pristina ist angeblich eine musikarme Stadt." Eine Auskunft, die sich schnell als ergänzungsbedürftig erweist. Es gibt – wie in Sarajevo – eine weitgefächerte, sich langsam erholende Volks- und Pop-, Jazz- und Rap-Szene. In der Hotelhalle treffe ich meine neuen Untermieter, die Royal Irish, wieder. Eine Sechs-Mann-Band in Uniform improvisiert eine original-irische Musikkneipe. Welche Sprache sprechen und singen die denn? Unverständliches Englisch – reinster Belfast-Dialekt, wie man mir erklärt. Merkwürdigerweise wenig Zuschauer und noch weniger Spenden für die Kosovo-Kinder, die sie in den Pausen anmahnen.

Der Aufsicht führende Offizier gestattet mir, eine Runde Bier zu bezahlen. Ich darf mir was wünschen? Das Leben ist eine gezielte Provokation. „Four Green Fields" wünsche ich mir, den Heimatsong der IRA. Er nimmt es mit Fassung. „Morgen vielleicht", grinst der Bandleader und bläst auf der Blechflöte weiter Ordinäres aus Belfast. In den nächsten Tagen erschrecke ich gelegentlich, wenn sich hinter der Scharte eines Sandsackbunkers in der Stadt plötzlich ein Gewehrlauf bewegt. Aber es ist nur der salutierende irische Untermieter: „Good day, Sir!"

Beim Frühstück Diskussion, ob wir solche Besatzer-Musik über den Sender gehen lassen würden. „Ja, aber als Beitrag der UN", sage ich zu Joe, der mich seit Tagen nervt, dass der Sender nicht RTP und nicht RTK heißen soll, sondern UNMIK-Sender Pristina. Das klären wir noch, Joe.

Serben – die neuen Untermenschen

Mirjana, die Hörfunk-Pionierin, erzählt. In dem Haus, in dem sie sich eingemietet hat, sind im Parterre alle Vorhänge zugezogen. Licht brennt, aber niemand geht ein und aus. Nach einigen Tagen klopft sie, lange und beharrlich. Vorsichtig öffnet eine alte Dame. Drei alte Serbinnen wohnen da, hören serbischen Rundfunk, verlassen die Wohnung nicht zum Einkaufen, leben aus Dosen und aus dem Eisschrank. Eine ist über 70, eine über 80, eine dritte ebenfalls alt und außerdem beinamputiert. Völlig allein, völlig kontakt- und hilflos. „Ich bringe euch was", verspricht Mirjana. Tut das einige Male, dann ist sie ein paar Tage verreist. Kommt zurück, klopft, eine junge Frau macht auf. „Ich will zu den alten Damen, die hier ..." „Alte Damen? Hier sind keine alten Damen, nie was gehört und gesehen von alten Damen. Dies ist unsere Wohnung." Modell Sarajevo. Wo sind sie hin? Evakuiert? Ausgewandert? Geflohen? Wohl kaum. Ich habe eine Ahnung. So wie in Deutschland nach der Kristallnacht 1938.

Warum lässt mich Janko unentwegt mit Kellnern, Taxifahrern, Bewerbern radebrechen, wo doch die ehemalige Landessprache Serbisch, die jeder versteht, seine Muttersprache ist. Er hat mitgekriegt, dass der Hass auf den Belgrader Unterdrücker sich im Hass auf die serbische Sprache ausdrückt. „Du gehst auf die Straße", sagt Janko, „ein kleiner Junge fragt dich nach der Uhrzeit. Auf Serbisch. Du willst freundlich sein, antwortest auf Serbisch. Peng, Kopfschuss."

„Geh, Janko, das sind doch Märchen."

Wer nicht an Veränderung glaubt, an die Fähigkeit neu anzufangen, hat schon verloren. Aber Janko hat Recht. Tage später kommt ein neuer UN-Kollege aus Bulgarien. Bezieht sein Hotelzimmer, geht auf den Boulevard, um einen Kaffee zu trinken. Ein Kind fragt ihn nach der Uhrzeit, auf Serbisch. Er antwortet. Auf Serbisch. Peng, Kopfschuss.

Auf den Straßen rollen Panzerfahrzeuge, in jedem dritten Hauseingang stehen bewaffnete Soldaten. Über unseren Köpfen kreisen die ganze Nacht Hubschrauber, die mit Scheinwerfern alle Straßenecken ausleuchten. Eine herrliche Geräuschkulisse, die jeden Schuss verschluckt. Jeden Morgen dann die Bilanz: brennende Häuser, erschossene Serben, gesprengte Türen und „entmietete" Wohnungen. Gleich in den ersten Tagen ein Sprengstoffanschlag auf die orthodoxe Kathedrale hinter dem Funkhaus.

Dreimal in der Woche tritt in der Arena der Sporthalle der UN-Sprecher vormittags vor die Presse. Erst spricht der Vertreter des Militärs. Incidents – Vorfälle. Grenzverletzungen, Morde, Schießereien, Angriffe auf serbische Flüchtlinge, auch wenn die in einem UN-Konvoi fahren. Man hat schnell verstanden, dass die Beschützer zwar aussehen wie Soldaten, aber auf keinen Fall in Zwischenfälle verwickelt werden wollen. Keiner von denen, hat man herausgefunden, schießt, wenn in dem Serbenhaus, das er bewachen soll, jemand misshandelt wird. Er fragt per Funk in der Zentrale nach Anweisungen. Bis die kommen, steht das Haus in Flammen. Noch weniger Schutz gewähren die blaugewandeten international besetzten Polizistentrupps. Sie haben sich alle angestrengt. Aber da es keine Personalpapiere gibt, keine Kfz-Kennzeichen, kein Gerichtswesen, keine Untersuchungsgefängnisse, sind die meisten, nein alle Verdächtigen in kürzester Zeit wieder auf freiem Fuß. Geflügeltes Wort unter den Internationalen: „Was machst du, wenn du auf der Straße überfallen wirst? Renn in die nächste Bar, dort findest du jede Menge Polizisten."

Ein frisch angereister englischer Starreporter erzählt an der Hotelbar, wie er es den Serbenverfolgern gezeigt hat. Er ist bei Serben eingeladen. Es klopft heftig. Die Gastgeber erbleichen. „Oh Gott, das ist die UCK, die haben uns schon gewarnt, dass wir Probleme kriegen, wenn wir nicht freiwillig ausziehen."

„Lasst mich mal machen", sagt der Engländer. Militärerfahrung, Karate-Gürtel. Reißt die Tür auf, ein Trupp Bewaffneter steht vor der Tür. Er schnappt sich den ersten, reißt ihn zu Boden, zieht ihn in die Wohnung. Erteilt ihm eine Lektion. „Ich Engländer, du Verbrecher. Die Wohnungsinhaber stehen unter meinem persönlichen Schutz. Wenn ihr das noch einmal macht, kriegt ihr Ärger. Mit mir und mit der britischen Krone, die hinter mir steht. Alles klar? Wegtreten!" Ob seine serbischen Freunde noch lange in Pristina geblieben sind?

Ein stummer innerer Zorn baut sich auf. Auf Opfer, die sich in Mikrosekunden zu Tätern wandeln. Auf Eltern, die ihren Sechsjährigen vor dem Hotel mit teuren Roller-Skates auf und ab fahren lassen, in maßgeschneiderter Milizuniform, mit UCK-Emblem. Gelegentlich hebt er sein Spielzeug-MG und richtet es auf die KFOR-Soldaten, die gutmütig virtuell zurückballern.

Lob des Alters

Warum nimmt man gern Pensionäre für solche Himmelfahrtsjobs? Weil die sofort verfügbar sind. Weil man auf ihren Ehrgeiz bauen kann, doch noch irgendwie dabei sein zu wollen. Weil sie aber gleichzeitig nichts mehr werden wollen und müssen. Weil sie genügsam sind und sich mit fünf Stunden Schlaf begnügen können. Weil sie schwer aus der Ruhe zu bringen sind. Weil sie nicht mit Familienproblemen herumzicken. Weil sie keinen Freizeitausgleich für Überstunden geltend machen. Weil man sie im Zweifelsfall desavouieren, schnell und unauffällig wieder heimschicken kann. Hört sich fast an wie eine Stellenausschreibung von RTL für Jungtalente. Wo ist der Unterschied? Ja, richtig, die Erfahrung. Und die Furchtlosigkeit. Wir haben keine Angst. Wer Angst hat, sollte hier wegbleiben.

Vor dem Krieg, nach dem Krieg wimmelt es in Pristina von Journalisten. Soweit sie elektronisch arbeiten, werden sie von einem UER-Team betreut. Wer etwas drehen will oder gedreht hat, geht zum UER-Dienstleistungsbüro. Dort kann er schneiden, vertonen und überspielen. Auf dem Vordach vom Hotel sind die Kamerapositionen markiert für die Stammkunden. Solange die Satellitenstation läuft, von einem Generator mit Strom versorgt, kann man grundsätzlich auch telefonieren. Wenn gerade frei ist und keine Tonaufnahme läuft. Eine Mannschaft sturmerprobter männlicher und weiblicher Haudegen. Golfkrieg, Erdbeben in der Türkei, Gipfelkonferenz in Kairo. Wo was los ist, ist die UER innerhalb von Stunden zur Stelle. Organisiert Berichterstattung und unilaterale Korrespondenteneinspielungen.

Das Team hat drei Räume im ersten Stock des Hotels, zwischen Friseur, Hotelarzt und Toilette. Ein mit Regalen abgetrenntes Produktionsabteil am Ende des Ganges. Was soll ich in meinem gepflegten, aber fensterglaslosen OSZE-Büro? Dort sitze ich mit freundlichen Kollegen. Willem Houwen ist da, ein Holländer, der sich um den Wiederaufbau der Presse kümmert. Mit ihm habe ich vor dem Krieg Geld und Geräte gesammelt für Oppositionssender in Belgrad und Sarajevo: Studio B, TV 99. Mit magerem Erfolg übrigens. Kaum hatten wir wieder eine Studioausrüstung in Marsch gesetzt, kam die Staatsgewalt und schloss den Sender oder beschlagnahmte die Geräte. Marietta Schröder aus München hilft ihm und kriegt von den endlosen Rauchschwaden, die ins Büro dringen, unsagbare Migräneanfälle. Computer sind da, aber keine Telefone. Das Mobiltelefon funktioniert nur minutenweise früh am Morgen und spät in der Nacht. Kosovo hat überhaupt kein eigenes Netz. Je nachdem, wo man im Land unterwegs ist, schafft man einen Anschluss über Mazedonien oder Montenegro.

Ich miete mir ein Büro neben dem UER-Team im Hotel. Dort kann ich in dringenden Fällen telefonieren, faxen, den Laptop anschließen und mir einen Espresso kochen. Das Team hat eine Reinemachefrau, die Wäsche mit nach Hause nimmt und einen Tag später sauber zurückbringt. Zehn Mark die Tüte, egal wie viel drin ist. Hauptarbeitsplatz ist ohnehin das Kaffeehaus vis-à-vis von Kouchners Büro. Da müssen alle vorbei, da erfährt man beim Capuccino in einer Stunde alles, was wahr ist oder vielleicht wahr werden könnte.

Die UER in der Verantwortung – was ist das für ein Verein?

Das moderne Gesicht der Union der Europäischen Rundfunkanstalten

Bei den Projekten, für die ich mich engagiere, geht es um vieles und Verschiedenes. Es geht um die Zukunft und das Wohlergehen ehemaliger kommunistischer Vasallenstaaten. Es geht um deren Umstieg auf die Demokratie und um ihre Annäherung an – oder ihre Distanzierung von – Europa. Es geht um die Zukunft demokratischer Medien und um den Anteil, den ein öffentlicher Rundfunk dabei spielen kann und muss. Es geht aber auch um Zukunft, Handlungsfähigkeit und Einfluss des Dachverbandes der europäischen Rundfunkanstalten, der EBU oder UER. Dieser Verein ist über Jahrzehnte ein unentbehrliches Werkzeug für Programmkooperation und internationale Zusammenarbeit im Rundfunk gewesen. Jetzt stellt ihn das werdende Europa vor neue große Herausforderungen.

Wenn alles international und europäisch ist, wenn jeder Sender, jede Redaktion per Internet und kommerziell gebuchter Leitung direkt mit allen Nachbarn und mit der ganzen Welt in Verbindung treten kann, wird dann überhaupt noch ein Vermittler wie die UER gebraucht? Obwohl auch von kommerziellen Rundfunkanstalten – wie Luxemburg – mitbegründet, hat sich die UER zur großen internationalen Verteidigerin eines unabhängigen öffentlichen Rundfunks in der Welt entwickelt. Sie tut das durch ihre Programmtätigkeit, insbesondere auf den Sektoren Nachrichten und Sport. Sie tut das auch, indem sie den europäischen Behörden, die gelegentlich geneigt sind, Public-Service-Interessen zu vernachlässigen, auf die Finger schaut. Indem sie die Leistungen des Public Service in jeder denkbaren Form darstellt und sichtbar macht – von der Teilnahme an der internationalen Diskussion bis zur Fachkonferenz, von eigenen Publikationen bis zum Gerichtsauftritt. Mit ihrem Engagement in Bosnien und im Kosovo tritt sie erstmals aus ihrer Beobachter- und Mittlerrolle heraus und versucht aktiv zugunsten ihres Konzeptes von demokratischem Rundfunk in die Gestaltung von Rundfunk einzugreifen. Insofern steht sie in meinem

Kosovo-Projekt auch selbst auf dem Prüfstand, aufmerksam und kritisch beobachtet von den eigenen Mitgliedern und von konkurrierenden Verbänden. Kann sie mehr als Resolutionen verfassen? Kann sie über ein Modellprojekt einem eigenen tragfähigen Rundfunk auf die Beine helfen?

Es erscheint angebracht, einen Blick auf den Verein zu werfen, für den ich tätig geworden bin und der durch mein Projekt zunehmend Mitspracherecht auch bei Projekten der internationalen Medienaufbauhilfe beansprucht.

Vor dem zweiten Weltkrieg gab es in Europa eine einzige Rundfunkunion, die International Broadcasting Union IBU, 1924 gegründet. Sie hatte vor allem die Aufgabe, den wachsenden Wellensalat in Europa zu entwirren. Nach dem Zweiten Weltkrieg zerfiel sie in zwei Teile. In einen Ostverband, die OIRT (Organisation Internationale de Radio et Television) in Prag und in einen Westverband, die UER, in Genf.

Ich verwende die Abkürzung UER, weil das nicht nur auf Französisch, sondern auch auf Deutsch beschreibt, um welchen Zusammenschluss es sich handelt: um die Union der Europäischen Rundfunkanstalten, oft auch Europäische Rundfunkunion genannt. Auf Französisch: Union Européenne de Radiodiffusion. Auf Englisch: European Broadcasting Union (EBU).

Zu Beginn des neuen Jahrhunderts ist sie die älteste, die bedeutendste und die umsatzstärkste Union der Welt. Sie hat Anfang 2003 europaweit 71 aktive, also voll stimmberechtigte Mitglieder in 52 Ländern, davon 28 in Mittel- und Osteuropa. Dazu kommen 45 assoziierte Mitglieder rund um den Erdball. Sie entspricht einem internationalen Industrie-Dachverband mit überwiegend Arbeitgebercharakter. Viele wehren sich allerdings (noch) gegen das in Amerika gebräuchliche Wort „Industrie" für die Fabrikationsstätten der Bewusstseinshersteller, weil sie den Zusammenhang mit Kultur, Sinnstiftung und die Distanz zum ungebremsten Markt betonen wollen.

Eine Union im Modernisierungsprozess

In der Geschichte der Union war der 10. Februar 1995 ein wichtiges Datum. An diesem Tag verabschiedeten die Mitglieder ein neues Statut, welches am Ende einer längeren Reform- und Modernisierungsdebatte die Anpassung an die Anforderungen der Zukunft sicherstellen sollte. Von dieser Anpassung kann man inzwischen sagen, dass sie gelungen ist. Sie hat mittlerweile auch in einigen ergänzenden Statutenänderungen ihren Niederschlag gefunden.

Unverändert bezeichnet sich die UER als „professionelle Vereinigung". Diese bewusste Distanzierung vom Politischen – die etwa die Arabische Rundfunkunion ASBU nicht nur nicht kennt, sondern dezidiert ablehnt – ermöglicht ihr, auch in politischen Krisengebieten zu arbeiten. Der israelische Rundfunk gehört ihr ebenso an wie arabische Rundfunkanstalten. Sender aus allen Gebieten der ehemaligen Republik Jugoslawien sind an ihrer Arbeit beteiligt. Den Anteil, den die UER und ihre Mitglieder an der Aufrechterhaltung von Kontakten auch in schwierigen Lagen und bei der Wiederherstellung von nachbarlichen Beziehungen erbringen kann, wurde 1995 symbolisiert, als – während einer Nahost-Krisenpause – der Verwaltungsrat der UER auf gemeinsame Einladung des jordanischen und des israelischen Rundfunks am Roten Meer tagte.

War der Vereinszweck in früheren Statuten sehr allgemein formuliert – Zusammenarbeit auf gemeinsam interessierenden Gebieten – so drückt sich das gegenwärtige Statut etwas präziser aus – und damit sowohl nachprüfbarer wie anfechtbarer:

„Die Vereinigung besteht, um einen Beitrag zu leisten zur Verstärkung der Identität der Völker in den Staaten aktiver Mitglieder, in Übereinstimmung mit den Menschenrechten und insbesondere mit der Freiheit des Gewissens, der Meinung und des Ausdrucks. Dabei sollen insbesondere Grundwerte wie Toleranz und Solidarität gesichert werden."

Die Formulierung mag etwas hölzern klingen, aber sie findet bis heute die erforderliche breiteste Zustimmung. Auf der Strecke geblieben sind dabei Ziele aus früheren Entwürfen wie Meinungsfreiheit, Meinungsvielfalt oder gar das „kritische Bewusstsein" (Critical Spirit), dem einige gern Satzungsrang eingeräumt hätten.

Der Gemeinsinn, die Solidarität, an die da appelliert wird, stammt sowohl aus dem marxistischen Wörterbuch wie aus dem der katholischen Soziallehre. Der Begriff stellt die Frage, ob es für einen Verein ausreicht, dass jedes Mitglied darin seinen eigenen Vorteil sucht und findet, oder ob darüber hinaus von den Mitgliedern Handlungen oder Unterlassungen erwartet werden dürfen, die nicht allein vom wohlverstandenen Eigeninteresse diktiert sind. Solidarität heißt, gebeutelten und gefährdeten Mitgliedern zur Seite zu stehen. Ich bin Reisender in Sachen Solidarität.

Eine Lobby für Public Service

Kann man die UER auch als eine Interessenvertretung für Idee und Unternehmensform eines Public Service im Rundfunk ansehen? Ja und nein. Public Service heißt Rundfunk für alle, Rundfunk im öffentlichen Auftrag. Albert Scharf, der der UER von 1984 bis 2000 vorstand, spricht am liebsten vom Rundfunk in öffentlicher Verantwortung. Ich nehme den Mund voller und spreche von Volksrundfunk: Rundfunk, der dem Volk gehört. Rundfunk für das Volk, vom Volk bezahlt, vom Volk – über Rundfunkräte – sowohl kontrolliert und überwacht wie auch geschützt und bestätigt.

Rundfunk für alle hat ein einziges und unverwechselbares Merkmal, und das sind seine Programme. Programme für alle, nicht nur für Adressaten von Werbebotschaften. Nicht die Organisationsform oder Rechtsform allein bestimmt diesen Rundfunktypus. Auch die RAI, eine Aktiengesellschaft, deren Aktien dem Staat gehören, ist öffentlicher Rundfunk – noch. Von Channel Four in England bis NZBC in Neuseeland gibt es viele Modelle, in denen öffentlicher Rundfunk auf kommerzieller Grundlage betrieben wird. Wenn der Privatsender NTV in Moskau zeitweise durchgesetzt hat, dass offener und kritischer als bisher über den Krieg in Tschetschenien berichtet wird, hat er öffentliche Aufgaben erfüllt, auch Aufgaben der Herstellung und Wahrung von demokratischen Medienverhältnissen, gleichgültig, welchem Gesetz, welcher Organisationsform er unterliegt und wie er sich finanziert.

Folgerichtig beschreibt das Statut als Vereinszweck, die UER solle „ihre aktiven Mitglieder bei der Aufgabe unterstützen, den Interessen einer allgemeinen Öffentlichkeit auf bestmögliche Weise zu dienen." Das Statut unterscheidet auch klar zwischen wirtschaftlichen und gewinnorientierten Zielen. Wirtschaftliches Wirtschaften, ja. Gewinnerzielung als Unternehmensziel, nein.

Wer kann Mitglied der UER werden? Soll sie eher ein Interessenverband für eine bestimmte Sorte Rundfunk sein oder eher ein Dienstleistungsbetrieb für alle? Die UER hat sich in einer längeren Reformdiskussion für ein Sowohl-als-auch entschieden.

Modell Golfclub

Der Verein lässt sich mit einem Golf-Club vergleichen. Die Gründungsmitglieder haben den Platz gekauft, das Clubhaus gebaut und garantieren den Betrieb. Wer in den Gründer- und Betreiberkreis aufgenommen werden will, muss sich einkaufen und Anteile erwerben. Wer nur gelegentlich Golf spielen will, kann gegen einen kostendeckenden Jahres- oder Tagesbeitrag die Anlage benützen und im Clubrestaurant Kaffee trinken. Außerdem haben die Mitglieder das Recht, Gäste einzuladen, die nicht Mitglieder sein müssen und mit ihnen neue Vereinsaktivitäten zu entwickeln, etwa Bridge oder Mountain-Biking.

Nach der Reform präsentiert sich die UER als ein dreistufiges Unternehmen. Auf der ersten Stufe ist sie ein Dachverband, eine Lobby – ich habe mir sagen lassen, dass diesem Begriff nichts Anrüchiges mehr anhaftet – für eine bestimmte Sorte von Rundfunkveranstaltern. Sie vertritt deren Interessen weltweit, insbesondere aber im Rahmen der europäischen Medienpolitik, etwa dadurch, dass sie ein Büro in Brüssel unterhält und sich in wichtige medienpolitische Projekte der Europäischen Union oder des Europarates einschaltet. Dass ausgerechnet in Brüssel der Volksrundfunk, der Stück um Stück aus allen internationalen Sportverträgen hinausgekauft wird, der Kartellbildung verdächtigt und Gegenstand strengster Prüfung und Reglementierung geworden ist, gehört zu den Treppenwitzen des neuen europäischen Freimarkt-Unionismus.

Auf der zweiten Stufe betreibt sie einen umfassenden Dienstleistungsbetrieb, der den Mitgliedern Programme, Leitungen, Satellitenkanäle verfügbar macht und vermittelt, und zwar nach dem Prinzip der Meistbegünstigung und der Kostendeckung. Nichtmitglieder können diese Dienstleistungen gegen marktgerechte Gebühren nutzen und tun dies auch. Der Nachrichtenpool der UER ist immer noch die weltweit bedeutendste Quelle von aktuellen Informationen und trägt mehr als alle kommerzielle Konkurrenz zur Erhaltung des freien internationalen Informationsflusses bei.

Auf der dritten Stufe können sich im Rahmen der UER Mitglieder zu bestimmten neuen Projekten zusammentun und dabei auch mit anderen Partnern verschiedenster Art zusammenarbeiten. Hierzu gehören auch die vielseitigen Aus- und Fortbildungskurse, die die UER in Mittel- und Osteuropa anbietet. Nichtkommerzielle Beratungs- und Entwicklungsaktivitäten wie unsere sind diesem Bereich zuzurechnen.

Je nachdem, ob es sich um Olympiajahre oder Jahre einer Fußball-WM handelt, hat die UER einen jährlichen Gesamtumsatz von einer halben Milliarde Euro und mehr. Die deutschen Anstalten tragen davon einen Anteil von 15 bis 20 Prozent.

Nach dem französischen Alphabet, das bei der UER die Grundlage der Sitzordnung bildet, sitzen die Vertreter von Allemagne in der ersten Reihe, ZDF und ARD. Viele Jahre waren das in der Regel Hans Kimmel und Richard Dill, flankiert von wechselnden Intendanten oder anderen Fachkollegen. Neben Autriche, was die Bildung grenzüberschreitender Abstimmungspools erleichterte. Die ausgefeilte Dramaturgie von UER-Sitzungen ist nicht leicht zu durchschauen.

Eine Momentaufnahme aus der guten alten Scharf-Zeit, die ich mitgemacht habe: Es geht gemütlich dahin mit Geschäftsordnung, Wahlvorbereitung, Informationen über Altbekanntes. Die entscheidenden Fragen der Finanzen werden in der Regel kurz vor dem Mittagessen aufgerufen. Mit schläfriger Stimme erhebt sich der langjährige Haushaltszauberer der UER, der irische Intendant Vincent Finn. Es sei eigentlich nichts Dramatisches zu beschließen. Den Haushalt habe man ja in seinen Grundzügen schon in der letzten Sitzung vorgetragen. Und auf der nächsten Sitzung könne man seinen Vollzug ja erneut besichtigen und besprechen. Es gäbe ein paar Veränderungen, Anpassungen (also Erhöhungen), die aber von gutachtenden Ausschüssen als unerlässlich bejaht würden. „Jemand dagegen?", fragt Präsident Scharf und wartet eine unerträglich lange Minute. Jetzt sei die Zeit für Einsprüche und Kommentare. Eine Wortmeldung, eine kritische Nachfrage – und der knapp kalkulierte Stundenplan würde aus dem Ruder laufen. Aber Scharf resümiert in aller Regel: „Da ich nichts Gegenteiliges höre, stelle ich einstimmige Annahme fest." Einige Hundert Seiten Finanzvorschau, -rückblick und -bewilligung sind festgeschrieben und müssen in den nächsten Monaten meist erstaunten Empfängern von daraus resultierenden Rechnungen erläutert werden.

Keine Geschichten ohne Vorgeschichte

Reino Paasilinna sitzt seit dem Beitritt Finnlands zur EU für die finnischen Sozialdemokraten im Europaparlament. Daran sei ich schuld, sagt er gern, weil ich ihm Brüssel und Straßburg ans Herz legte, als ich sah, dass die

Linke in seinem Land offenbar keine richtige Verwendung mehr für ihn hatte.

Reino ist Lappe, 1939 geboren, Vater früh gestorben, mehrere Brüder. Erst war er Holzfäller, dann Lastwagenfahrer, dann wurde er Journalist und Vorsitzender des finnischen Journalistenverbandes. Als Presseattaché arbeitete er in den finnischen Botschaften von Washington und Moskau. 1990 wurde er, damals Mitglied des Parlaments, erst in den Rundfunkrat, dann an die Spitze des öffentlich-rechtlichen Senders YLE berufen. Da er Russisch konnte, arbeitete er viel und gern mit und in Russland. Weil die Finnen sich seit dem Weltkrieg gern als Brückenschläger zwischen Ost und West verstehen, gehörte YLE über Jahrzehnte als einzige westliche Rundfunkanstalt der östlichen OIRT an.

Im Verhältnis des Westens zur OIRT spiegelt sich die ganze europäische Ostpolitik. Mit Kommunisten darf man nicht verhandeln und nicht paktieren, sagten die Fundamentalisten aller Schattierungen. Man muss sie bloßstellen, isolieren, bekämpfen. Die Gegenposition: Mit Kommunisten muss man reden. Solange sie ihre Länder hermetisch abriegeln, muss man jede Gelegenheit zum Gespräch ergreifen, muss hinfahren, um Menschen zu treffen, muss Menschen einladen, den eisernen Vorhang bei jeder Gelegenheit durchlöchern. Nur durch Kontakt kann sich etwas verändern, Wandel durch Annäherung. Natürlich gab es auf der Ostseite die gleiche Polarisierung.

Reino gehört – wie Scharf, wie ich – zur Kategorie der Kontaktwilligen und -fähigen, auch als Vizepräsident der UER. Irgendwann in den Achtzigerjahren wurde er von den ratlosen Ostsendern sogar zum OIRT-Präsidenten gewählt. Eine Bitte, wie man sie durch Wahlzettel nicht deutlicher aussprechen kann: „Holt uns raus aus unserer Isolierung." Daraufhin entschlossen sich ARD und ZDF Mitte der Achtzigerjahre, der OIRT als assoziierte Mitglieder beizutreten. Mehrere Jahre hatte ich als ARD-Vertreter die Chance, mitten im östlichen Lager zu schauen, zu staunen, zu tafeln, zu intrigieren und zu werben, Auge in Auge mit Brüdern und Schwestern aus der DDR, von denen einige wenig später meine ARD-Kollegen werden sollten. Weil sich eben alles ändern kann und derjenige, der Änderung weder denken noch vollziehen kann, von der Geschichte – und natürlich von der eigenen Verkalkung – bestraft wird.

Wiedervereinigung von UER und OIRT

Als die UER zu Beginn der Wendejahre im Osten sich darauf vorbereitete, sich mit der OIRT „wiederzuvereinigen" (wie im Falle der beiden Deutschlands vollzog sich dann keine Vereinigung, sondern ein Anschluss), gründete sie einen Vereinigungsausschuss. Fünf aus dem Osten, darunter ich – fünf aus dem Westen, Reino hatte den Vorsitz. Wie viele Einigungsgremien hatten wir Rosinen im Kopf. Es würde Gleichberechtigung geben, nicht einfach Eingliederung und Ausdehnung des Westsystems. Es würde Übergangshilfen geben und Projekte, die den nun obsolet gewordenen Staatsfunkungetümen helfen würden, abzuspecken und sich in der Mediendemokratie zurechtzufinden. Unsere Neugierde auf die neuen Nachbarn würde grenzenlos sein, Koproduktionen und Programmaustausch heftig beleben. Reino charterte ein Flugzeug und klapperte mit seinen Getreuen die Beitrittskandidaten ab, machte ihnen die neue Ordnung schmackhaft, baute Ängste ab, warnte vor übertriebenen Hoffnungen und wirtschaftlichen Fußangeln.

Es war ein bewegender Tag, als im Juli 1990 in Oslo die erste gemeinsame Generalversammlung tagte, die wiedergefundenen Genossen erstmals abstimmen und Plätze im Verwaltungsrat beanspruchen durften. Reino dachte, er habe sich die Füße wundgelaufen im Dienst der Einheit und müsse dafür UER-Vizepräsident werden. Die nordischen Länder haben allerdings bereits einen anderen Sozialdemokraten im Auge, den Norweger Einar Fjörde. Es kommt zu einer der seltenen Kampfabstimmungen in der UER: Reino gewinnt mit Hilfe der Deutschen und seiner östlichen „Verbündeten".

Er bleibt der unermüdliche Sprecher für Mediendemokratisierung im ehemaligen Osten. Die kommt schnell ins amerikanische, also ins kommerzielle Fahrwasser. Wir wollen demokratische Medien, das heißt Medien unter Einschluss eines starken öffentlichen Sektors. Amerikaner wollen „independent" Media und meinen damit ausschließlich Privatwirtschaft und Auslandsinvestitionen. Bis heute, bis in die Debatten um Medien in Bosnien und Kosovo, wirkt dieser Gegensatz als Bremse und Behinderung. Von „Variety" bis Madeline Albright, von George Soros bis Ted Turner, von Gusinsky über Murdoch bis Kirch bildet sich ein Chor der tauben Schreihälse: „Nur mein Rundfunk ist guter Rundfunk. Jeder

Rundfunk, den ich nicht kaufen kann, ist nicht unabhängig, also schlecht."

Für mich beginnt eine Serie von Berater-Reisen in die meisten neodemokratischen Länder, von Sankt Petersburg nach Tirana, von Warschau bis Sofia, Bukarest und Budapest. Welches Stimmungsmilieu ich dort immer wieder vorfand, was ich dort zu erzählen, zu bewirken versuchte, geht ziemlich deutlich aus einem Vortrag hervor, in dem ich 1994 in Budapest die Erkenntnisse meiner Beratertätigkeit vor Parlamentariern und Rundfunkleuten zusammenfasste – es wurde damals um ein neues ungarisches Rundfunkgesetz gerungen. Es geht darin um die naive Hoffnung, man könne mit neuen Gesetzen allein einen neuen demokratischen Rundfunk schaffen und garantieren. Dieser Vortrag kann im Anhang nachgelesen werden.

Demokratie braucht öffentlichen Rundfunk

Public Broadcasting muss in die Offensive, sonst geht seine Unternehmensform und -kultur baden. Scharf und die UER sind dieser Meinung. „Erneuern, ohne dass die Seele verloren geht" ist die Losung, die Albert Scharf ausgibt. „Es ist unsere Pflicht, bei der Unterstützung unserer Rundfunkkollegen in Osteuropa äußerste Anstrengungen zu unternehmen. Schließlich nützen wir unseren eigenen Lebensinteressen, wenn wir den Prozess des friedlichen sozialen und politischen Wandels in unseren Nachbarländern konsolidieren helfen."

Es gibt weltweite Unterstützung. Aus Kanada, aus Japan, aus den skandinavischen Ländern, aus dem Europaparlament, aus den Stiftungen. Viele Jahre war die Friedrich-Ebert-Stiftung bei der internationalen Förderung von Mediendemokratisierung vorneweg, bis sie sich im neuen Jahrtausend mit fadenscheinigen Gründen von der Medienhilfe verabschiedete. Es ist ein Kampf an zwei Fronten. Den Gesetzgebern müssen wir den Begriff Public Service schmackhaft machen. Den ehemaligen Staatsfunkern müssen wir einbläuen: Es genügt nicht, wenn ihr ein neues Schild über die Tür hängt. Ihr müsst euch ändern. Ihr seid noch keine Public Services, die sollt ihr erst werden. Ihr müsst eure eigene Form entwickeln und nicht versuchen, uns zu imitieren.

Es kann auch kein öffentlicher Rundfunk entstehen oder sich halten, wo der Begriff der Öffentlichkeit, der öffentlichen Finanzierung, der öffentlichen Programmgrundsätze, der öffentlichen Kontrolle und Rechenschaft unterentwickelt ist.

Anfang 1994 fordert Reino Paasilinna, damals noch YLE-Intendant und UER-Vizepräsident, die UER auf, Mediendemokratisierung im Osten unter dem Dach der Union zu institutionalisieren. Er empfiehlt die Einrichtung eines ständigen EBU Broadcasting Advisory Service, eines Beratungsdienstes für neue Demokratien im Osten, wie sie Demokratie auch im Rundfunk sichern können.

Der Vorschlag kreist durch die Gremien, bis Reinos Amtszeiten abgelaufen sind. Die UER ist in einem Dilemma. Immer wieder kommt ein Intendant einer der neuen Mitglieder, fordert Unterstützung für seine Arbeit, seine Anstalt. Die UER als Interessenverbund von Mitgliedern kann nicht sagen: „Dein Statutenentwurf, den wir unterstützen sollen, entspricht nicht den Grundsätzen eines Public Service. Wir sind eher für die Opposition, die dich ablösen und einen anderen Rundfunk einführen will."

Eine internationale Lobby für Public Service

Regierungen, Minister, Parteien, Gewerkschaften, Kirchen, gesellschaftliche Organisationen müssen überzeugt werden, dass ihre Interessen im Privatfunk unzureichend vertreten sind, dass sie durch einen Public Service am besten bedient werden. Ich denke, dazu muss eine internationale Lobby entstehen, die gegen die Murdochs dieser Welt nicht gleich untergeht. 1994 beginne ich mit Reino und Peter Vogt, eine internationale Lobby zu sammeln: Task Force for Public Broadcasting, TFPB. Peter Vogt ist ein unabhängiger Medienberater mit internationaler Erfahrung, der gerade für Estland einen plausiblen und tragfähigen öffentlichen Rundfunk entworfen hat. „Die Länder in Mittel- und Osteuropa", schreiben wir, „brauchen Public Broadcasting, um die Demokratie aufzubauen und durchzuhalten. In einigen dieser Länder hat es echten öffentlichen Rundfunk noch nie gegeben, in anderen ist er akut bedroht. Wenn wir die gegenwärtige Lage nicht verändern können, werden kommerz- und regierungskontrollierte Medien dominierend sein. Das muss verhindert werden."

Wir finden schnell Freunde und Unterstützer: Keith Spicer, den langjährigen Vorsitzenden der kanadischen Medienaufsichtsbehörde CRTC, die Europa-Abgeordneten Karin Junker, Doris Pack und Caroline Tongue. Reinhard Keune von der Ebert-Stiftung. Thomas Stehling vom NDR,

Helmut Drück vom RIAS, Werner Rumphorst, Justititiar der UER. Niemand aus Frankreich? „Redet doch mal mit Bernard Kouchner", wird uns geraten. Pierre Juneau, ehemaliger Vorsitzender des kanadischen öffentlichen Rundfunks CBC, hofft auf eine weltweite Aktivierung der Rundfunkteilnehmer, denen klar werden müsse, dass sie mit Public Service ein Stück Lebensqualität verlieren würden. Er nimmt das bereits im Rahmen der Unesco mit seinem „World Radio and TV Council" in Angriff.

„Public Broadcaster aller Länder, vereinigt euch!", rufen Sam Nilsson und Cas Goossens, ehemalige Intendanten aus Stockholm und Brüssel, und gründen PBI, Public Broadcasting International. Verbündete auf eigenen Patrouillenbooten. Viele, wie David Webster, früher BBC, wünschen uns Glück, glauben aber nicht an unsere Formel. Sie haben die Füße fest auf dem Boden dessen, was sie für Tatsachen ansehen. Public Broadcasting ist passé, sagen viele, schwächt sich durch eigene Kurzsichtigkeit und die Verzettelung von Kräften. Die anderen haben einfach mehr Schwung, bald auch mehr Geld, kriegen immer mehr gute Leute, ziehen das junge Publikum an sich und werden auf Dauer gewinnen. Goliath ist zum David geworden. Wir führen gute Gespräche, veranstalten schmissige Konferenzen, schreiben gute und noch bessere Texte und Resolutionen, sammeln ehrenwerte Unterschriftenlisten. Aber der Gegenwind ist stark. Die UER kämpft um die Fernsehrechte an großen Weltsportereignissen. Einige Europa-Juristen, von kommerziellen Konkurrenten angestachelt, entdecken in der Solidaritätsformel der Eurovision einen Kartellverdacht: „Kauft ihr etwa gemeinsam ein, um den armen Herrn Kirch und andere mittelständische Unternehmer vom Markt zu verdrängen?" Sie zwingen die Union zu jahrelangen juristischen Auseinandersetzungen und Kniefällen. Mit neuen Technologien überschwemmen private Programme Europa. Jeder Public Service ist sich selbst der nächste. Die Forderung nach Solidarität stößt schnell an Grenzen: „In Weißrussland helfen? Gern, vielleicht im nächsten Jahr."

Dabei gibt es immer wieder eindrucksvolle Einzelprojekte, von Land zu Land, von Anstalt zu Anstalt.

Die deutschen Vorbilder – reich und unbeweglich

„Warum stellen sich die Deutschen am liebsten in einer internationalen Initiative unter?", fragt Franz Stark, lange Zeit Leiter der Osteuroparedaktion und Chefkorrespondent des BR-Fernsehens. Er hat gerade ein Buch geschrieben über die Bedeutung der deutschen Sprache in der Welt und in Osteuropa. Die Leute sprechen dort Deutsch, wollen Deutsch lernen, lesen und fernsehen, aber ihre Bereitschaft wird nicht genügend aufgenommen. Wir machen uns überall kleiner als wir sind. Unser Geld geben wir über die UN und ihre Töchter, über Weltbank und Europafonds, über Nato und Solidaritätspakt. Fragt man in Moskau und anderswo: „Wer hilft euch?", dann hört man immer wieder: „die Amerikaner" – ein Witz, oder? Unsere Diplomaten führen überall mit Stolz vor, wie gut sie englisch oder französisch sprechen – würde es einem Franzosen einfallen, in einer anderen Sprache als der eigenen zu reden?

Ich weiß, wovon er spricht. Erinnere mich an den deutschen Mitarbeiter einer internationalen Organisation in Sarajevo, den ich unter vier Augen im Büro aufsuche und der mich aufklärt: „Nachdem ich hier für eine internationale Behörde arbeite, deren Amtssprache Englisch ist und deren Dokumente alle Englisch sind, haben Sie sicher Verständnis dafür, wenn ich unser Gespräch auf Englisch fortsetze." English spoken. Wenn er 's dann wenigstens gekonnt hätte.

Probieren wir doch mal eine deutsche Initiative. Der Weg des Ostens nach Europa und in die Welt führt über Deutschland. Weltkrieg und Eiserner Vorhang haben zur allgemeinen Verblüffung nicht alles Interesse, nicht alle Sympathie für Deutschland ausgelöscht. Wir können anknüpfen an Erinnerungen von vorgestern, an Hoffnungen für morgen.

DMSO heißt das nationale Projekt: Deutsche Medienstiftung Ost. Der Bund soll dabei sein, interessierte Länder, zum Beispiel jene, die osteuropäische Nachbarn haben, das ZDF, die Deutsche Welle und die ARD-Anstalten mit Ost-Interessen. Albrecht Hesse, jetzt BR-Justitiar, schreibt einen schönen Satzungsentwurf.

„Der Verein fördert zur Unterstützung einer funktionierenden Demokratie den Aufbau von Medien in Mittel- und Osteuropa, die auf den Prinzipien von Meinungsfreiheit, Unabhängigkeit, Pluralismus und Staatsferne aufgebaut sind."

Die alte Task-Force-Gruppe wird erneut aktiv. „Die ehemals kommunistischen Länder in Mittel- und Osteuropa haben die Wahl zwischen Demokratie, Anarchie und neuer Diktatur. Alle demokratischen Länder des Westens, besonders die Anrainerstaaten, haben ein Interesse daran, dass die demokratische Option sich durchsetzt und stabilisiert. Jede andere Alternative würde ganz Europa in Mitleidenschaft ziehen. Die Anstrengungen, die vom Westen zur Durchsetzung der Demokratie im Osten verlangt werden, sind in Relation zu sehen zu militärischen Anstrengungen, die zur Abwehr des Ostens bisher klaglos erbracht wurden."

Albert Scharf schreibt an Bundeskanzler Kohl, trifft sich mit dessen Kanzleramtsminister. Der meint: „Interessante Initiative, wir werden sie wohlwollend prüfen. Aber könnte das nicht alles die Deutsche Welle machen? Und das ZDF möchte doch seine Ostinitiativen eher in eigener Verantwortung ... Und der WDR möchte in seinen Ostbereichen eher keine Mitsprache anderer ... Aber kein Einwand, wenn der BR alleine ..." Dazu die Bedenkenträger im eigenen Haus: „Und wie denken Sie denn, dass ich einen Stiftungsbeitrag unseres Hauses aus Gebührengeldern verbuchen soll? Wie, ich kriege für bestimmte Projekte auch Gelder aus nationalen und internationalen Hilfsfonds? Ja, die kann ich erst recht nicht verbuchen. Das wären ja Einnahmen. Der Rechnungshof, Sie verstehen. Warten wir doch erst mal in Ruhe die nächste Gebührenerhöhung ab."

Ein wunderschönes, nicht untypisches Projekt. Jeder ist dafür, dass ein anderer es machen und finanzieren soll.

Im Kosovo bin ich auch gefordert, etwas zu tun, was ich viel lieber in den Händen einer solchen unabhängigen Stiftung gesehen hätte.

Erst 2002 belebt sich die Debatte erneut. Der Nachfolger von Intendant Scharf, Thomas Gruber, vertritt die Ansicht, dass sein Haus Auslandsprojekte nur noch in dem Maße betreiben wird, als es direkt mit eigenen Programmaufgaben zusammenhängt. Sicher begründbar, aber dennoch ein Rückschritt. Bisher hat der Bayerische Rundfunk insbesondere auf dem Balkan, aus dem er für die gesamte ARD die Rundfunkberichterstattung sichert, zahlreiche Projekte für dortige Sender gefördert, von der Aufbauberatung über die Ausbildung von Mitarbeitern bis zur technischen und zur Programmhilfe. Der Bereich Zentralplanung und Marketing von Franz Mödl hat sich besonders für dieses Arbeitsfeld eingesetzt. Eine Übersicht zeigt, dass der BR über diese Schiene in den Jahren 1996 bis 2002 45 Projekte der Auslandskooperation mit einem Volumen von über vier Millionen Euro betreute – überwiegend aus Drittmitteln, also nicht aus den Kassen der Rundfunkanstalt.

Schade, dass meine Projekte nicht dazugerechnet werden können: Ich muss mich ständig von der UER, von den UN, von einer Stiftung ausleihen lassen, da ARD und BR sich nicht entschließen können, einen Beraterpool zu betreiben – der sie nichts kosten würde.

50

Jetzt sollen diese internationalen Aktivitäten einer unabhängigen Internationalen Medienstiftung mit Sitz in München übertragen werden, die gerade gegründet wird und für die ich mich verständlicherweise nachdrücklich einsetze.

Das bosnische Beispiel – nicht kopierenswert

In Bosnien hat die UER, haben wir nicht viel erreicht. Wichtigstes Ergebnis unserer Arbeit war ein Business-Plan auf Englisch und Serbokroatisch, Verzeihung: Bosnisch, in dem drinsteht, was vom alten Sender Sarajevo übriggeblieben ist, was gebraucht wird, was Vorrang hat, was warten muss und was das schließlich alles kosten wird.

Wir kalkulieren 1998 einen Programm-Minutenpreis, der alle Nebenkosten einschließt, von fünf Mark für Hörfunk und von 80 Mark für Fernsehen. Daraus ergibt sich bei Ausnützung der verfügbaren Sendezeiten ein zukünftiger jährlicher Gesamtetat von 40 Millionen Mark. Für Wiederaufbau und Erneuerung des Senders, von der Gebäudesanierung über die Erneuerung von Technik und Produktion bis zur Modernisierung des Sendenetzes veranschlagen wir 65 Millionen Mark, über mehrere Jahre verteilt.

Das Wichtigste an diesem Plan war der Vorgang seiner Herstellung. Zuerst musste das lokale Führungsteam überzeugt werden, dass er notwendig, möglich und nützlich war:

„Wir können doch in diesem Stadium der Unsicherheit keine Pläne machen."

„Doch, ihr könnt."

„Aber wer sagt uns, dass wir den einhalten können?"

„Niemand, aber ohne Plan könnt ihr niemanden von eurer Zukunftsfähigkeit und eurer Entschlossenheit überzeugen."

„Und wenn uns niemand Geld gibt?"

„Dann seid ihr jedenfalls auch nicht schlechter dran als im Augenblick."

Mut zur Zukunft, das war es, was ein solcher Plan dann tatsächlich vermittelte.

Wir stellten ihn dann unter anderem auf einer Pressekonferenz in Brüssel vor. Reino Paasilinna sprach die Einführung.

Medienarbeit im Niemandsland –
Arm in Arm mit den Vereinten Nationen

Arbeiten mit und für Bernard Kouchner

Im Kosovo sind wir, die Öffentlichen, von Anfang an im Spiel. Der Schlüssel liegt bei Bernard Kouchner, dem Kosovo-Beauftragten der UN: ein Franzose, 1939 in Avignon geboren, von Beruf Arzt, in Paris mehrfach Minister, auch Minister für Gesundheit. Die Welt kennt ihn als Begründer der internationalen Hilfsorganisation „Ärzte ohne Grenzen". Mit seiner Frau, Christine Ockrent, erst Moderatorin, dann Direktorin im französischen öffentlichen Fernsehen, hatte ich beruflich schon zusammengearbeitet. Von ihm kannte ich mutige und unpopuläre, weil linksliberale Veröffentlichungen über die Dritte Welt, über internationale Solidarität, über Zukunftsaufgaben Europas in der globalen Gesellschaft.

Ihn in Pristina zu sprechen, ist zunächst nicht leicht. Ungeduldig zupfe ich ihn nach einer Verabschiedung von Tony Blair auf dem Fußweg zurück vom Hubschrauberlandeplatz aus seinem Begleiterpulk.

„Ich bin hier mit einem Team, um Ihren Rundfunk in Gang zu setzen. Wenn wir richtig arbeiten sollen, müssen Sie mit uns reden."

Es folgt eine Serie von Besprechungen. Details überlässt er seiner Pressesprecherin, der ägyptischen Kettenraucherin Nadja Younis. Die muss auch auf den regelmäßigen „Briefings", den Pressekonferenzen, den Kopf für ihn hinhalten und ist von stoischem Optimismus beseelt. Ein in vielen internationalen Hilfsprojekten gebranntes Kind, das gelernt hat, Krisen nicht mit Katastrophen zu verwechseln.

Kouchner macht uns klar: „Ich brauche den Rundfunk, ich brauche ihn dringend, und ich brauche ihn schnell. Ich bin für dieses Land verantwortlich und muss zu und mit den Menschen reden können, für die ich da bin. Die müssen sowohl wissen, was ich für sie tun kann, als auch, was ich nicht tun kann. Ich kann mehr als sie mir zutrauen, aber weniger als sie sich erträumen. Informieren Sie sich, machen Sie Vorschläge, aber bitte ohne Zeitverlust. Alles muss auf einmal schnell gehen in diesem Land, dessen Pulsschlag so lange künstlich verlangsamt war."

Ich ringe ihm ab, dass er die Entscheidung über einen eigenen UN-Sender hinausschiebt, bis wir unsere Meinung dazu begründen können.

„Wenn Sie einen öffentlichen Dienst bekommen, dann berücksichtigt er auch die Interessen der Regierung und macht einen selbstständigen UN-Dienst überflüssig", sage ich.

Die Meinungen im Team sind geteilt: „Wir sind hier, um einen Plan zu machen", sagen die einen, „was der Kouchner damit macht, ist dann seine Sache.

„Nein", sage ich, „dann kriegen wir denselben Mediensalat wie in Sarajevo. Ein Dutzend Gruppen sitzt in den Startlöchern, um privaten Rundfunk zu starten. Mit starken lokalen oder ausländischen Partnern im Rücken. Kouchner braucht Rundfunk jetzt, ein Notprogramm. Gleichzeitig braucht er einen Plan für die mittelfristige Entwicklung. Also Plan A *und* Plan B. Wir werden an beiden Projekten zugleich arbeiten, einverstanden?"

Ein undankbares Amt

Kouchner fühle ich mich von Anfang an verbunden. Er verkörpert, wie andere, wie Vaclav Havel, Freimut Duve und Julian Nida-Rümelin, den Intellektuellen, der sich nicht mit der Zuschauer- und Kritikerrolle begnügen will. Der nicht aufgibt zu hoffen, dass im Konzert der Gewählten, der Geldverfüger, Kreditgeber, der Parteistrategen, Krisengewinnler, Aufstiegswütigen und Angepassten, sich Einsichten durchsetzen lassen, die das, was das Kräfteparallelogramm in bewährten Routineverfahren als Zielrichtung ermittelt, in Frage stellen, ergänzen, erweitern, richtig stellen, umkehren, verhindern. Ich begreife schnell, dass er in einer schwierigen, fast aussichtslosen Lage ist. Sein Arbeitgeber, die Vereinten Nationen, ist geschwächt. Zum Beispiel durch Amerikaner, die ihre Beiträge nur schleppend bezahlen. Die ihr Misstrauen gegen jede internationale Instanz, in der alle gleiches Stimmrecht haben, immer wieder deutlich spüren lassen.

Andere internationale Akteure, von den eigenen UN-Töchtern angefangen, sehen das Wirken der großen Mutter mit Misstrauen und Eifersucht. Im Kosovo unternehmen die UN einen neuen Versuch, verlorenes Prestige als Krisenbewältiger zurückzugewinnen. Wir können das, wir werden das machen, signalisiert die Berufung von Kouchner. Er hat keine Hausmacht, weder in Frankreich, noch in Europa. Da er sich weder dem sozialistischen noch dem konservativen Lager zurechnen lässt, lassen ihn die eigenen Landsleute oft genug im Regen stehen.

In den ersten Monaten sind die Zeitungen voll von Berichten der Hilfsbereitschaft: Die USA geben bekannt, dass sie 300 Millionen Dollar Aufbauhilfe bereitgestellt hätten, andere Länder stehen nicht nach. Die internationalen Banken veröffentlichen Kreditzahlen, die Hilfsorganisationen Zwischenbilanzen ihrer überwältigenden Einsatzbereitschaft. Die Praxis sieht anders aus. Spendenzusagen nach dem System Lothar Matthäus: vage Zusagen mit magerer Einlösung. Nach dem Motto: Wenn ihr mir genügend Geld gebt, dann geb' ich auch anderen was ab.

Organisation Y baut ein Flüchtlingslager auf. Wenn das – oft zum Leidwesen der Helfer, die für Flüchtlingskinder am leichtesten Spenden auftreiben – aufgelöst wird, folgen Flüchtlingsrehabilitations- und Detraumatisierungszentren. Hatten wir in Deutschland 1945 nicht, wenn ich mich richtig erinnere ... Es entstehen Zeltstädte, Baracken, Notbauten für Hilfsbedürftige. Aber bevor die Zeltstadt aufgebaut wird, muss eine andere Zeltstadt aufgebaut werden: für die internationalen Helfer. Mit Heizung, Wasserversorgung, desinfiziert zum Trinken, heiß zum Duschen, mit Kantine, Fahrzeugpark, Dolmetschern und Hilfskräften. Die Flüchtlingszeltstadt kostet X Mark pro Person, die Helferstadt 25 X. Ja, steht das den Helfern vielleicht nicht zu? Natürlich steht ihnen das zu.

Wo sind die hungernden Kinder?

Im sich leerenden Zeltlager an der mazedonischen Grenze sucht ein europäisches Fernsehteam verzweifelt nach hungernden Kindern. Das Motiv ist edel, unbestritten. Das Elend anschaulich machen, damit die Spendenfreudigkeit nicht abreißt. Denn die verringert sich ja in der Tat schlagartig, wenn die Schlange abgefilmter hungernder Kinder abreißt. Bildet sich überhaupt nicht für Gebiete und Gruppen, für welche die Teams entweder keine Einreise bekommen oder beantragen. „Die sollen ja Abfalltonnen durchwühlen", forscht der investigative Reporter. „Nein, hier nicht, hier gibt es ausreichend Essen für alle, eher zu viel Abfall." Minuten später rennt das Team triumphierend auf zwei Jungen zu, die sich an einer Abfalltonne zu schaffen machen. Die Sequenz sehe ich dann tatsächlich bei der abendlichen Überspielung als Beispiel für Spenden stimulierendes Elend. Der Lagerleiter sagt: „Was soll ich machen? Die Jungen haben gerade ihr drittes oder viertes Fresspaket abgeholt. Sie nehmen die Schokolade raus, den Rest werfen sie in den Müll. Natürlich gibt 's dann auch welche, die sich den brauchbaren Rest aus dem Eimer holen. Das filmen sie dann."

„Sie wollen aber doch nicht solche Ausnahmefälle aufbauschen und damit unsere Arbeit belasten", sagt der Oberhelfer, dem ich das erzähle. Nein, das internationale Helfergeschäft, ein Milliardengeschäft, darf nicht durch negative Berichterstattung beschädigt werden.

Geht der wirtschaftliche Aufbau anders vonstatten? In Kouchners Vorzimmern drängeln sich die Geber. Eine asiatische Wirtschaftsgroßmacht ist bereit, einige Brücken wiederherzustellen. Dafür stellt sie einen zweistelligen Millionenbetrag in Dollar in Aussicht. Steht schon so in allen Zeitungen, bevor die Überbringerdelegation eintrifft. Der Unterschied zwischen langfristig „Angedachtem" und Ausbezahltem verschwimmt. In Pristina hört es sich dann so an: „Wir stellen den Stahl, die Bauleitung, das Knowhow, die Experten, die Ausbilder. Alles natürlich aus unserem Land, aus unserem unerschöpflichen Reservoir von Fachleuten und Materialien. Wir brauchen nur ein paar Kleinigkeiten: die örtliche Infrastruktur, die Allradfahrzeuge, sagen wir zwölf pro Bauvorhaben, die angemessene Unterkunft für unsere Experten. Was, Reisekosten können Sie nicht bezahlen? Großzügig wie wir sind, übernehmen wir auch die. Aber die lokalen Arbeitskräfte müssen Sie schon bezahlen." Alles klar? Pressekonferenz. Die großzügige Aufbauhilfe aus Asien. Der Finanzdirektor von Kouchner rechnet. Zwei Millionen Dollar pro Bauvorhaben aus Kouchners Etat. Wo soll man die hernehmen?

Die kirchlichen Hilfswerke ringen, prügeln sich um Betreuungsrechte für Dörfer. Landkarten mit katholischen und lutherischen und islamischen und Sekten-Farben liegen auf dem Tisch. Ein Dorfgemeinschaftshaus: für Mutter-Kind-Gruppen, Frauenprojekte, Jugendarbeit. Ein dänisches Fertighaus steht bereit, muss von Kouchner nur transportiert und aufgebaut werden. Ein Gemeinschaftshaus in einem Dorf, in dem Dutzende Familien nur notdürftig untergebracht sind? Macht das Sinn? Jede Geschenkankündigung transformiert sich in Kouchners Büro in eine Forderung, ein neues Problem, eine neue Etatlücke.

Eine gnadenlose, spenderausbeutende Hilfsbürokratie senkt sich auf die befreiten Regionen Jugoslawiens nieder. Über 400 nicht staatliche Organisationen haben sich in Sarajevo eingenistet, in Pristina werden es bald ebenso viele sein.

Jede mit Anspruch, Büro und Stab. Wer wagt da nachzuschauen und nachzurechnen, wenn es um humanitäre Hilfe geht? Natürlich gibt 's auch andere Projekte. Die Krankenschwester aus Niederbayern, die in ihrem Dorf und in ihrem Krankenhaus Geld und Sachen sammelt, die gebraucht werden. Die dann alle zwei Monate mit ihrem Mann hinunterfährt und persönlich einige christliche Familien betreut. Das ist das andere Extrem: „Ich spende nur, wo ich den Empfänger und die Verwendung genau kenne und nachprüfen kann." Menschenfreundliches, ungerecht selektives Chaos.

Journalisten und Redakteure – Partner und Rivalen

Wie in jeder historisch bewegten Situation stehe ich in drei Erfahrungsebenen zugleich. Was ich selber sehe und höre und bezeugen kann. Was ich höre und lese von Leuten, denen ich vertraue oder deren Absicht beim Schreiben und Erzählen ich einordnen kann. Was die Forscher hinterher aus Akten und Quellen als tatsächlich und angeblich geschehen zusammentragen. Aus diesen Ebenen reime ich mir das zusammen, was ich meine Erfahrung nenne. An umkämpften Orten wie Pristina besonders schwierig, weil widersprüchlichste Meinungen und Erfahrungen aufeinander prallen auf einem permanenten Deutungsbasar.

Der Basar der Meinungsbildung beginnt beim morgendlichen Test, ob das Wasser läuft, ob es Strom gibt, welcher Geruch zum offenen Fenster hereinzieht: der pulverige von Explosionen und Geschossen, der Qualm brennender Häuser oder nur der Gestank der nicht abgeholten und angezündeten Müllberge. Unbeirrbar die morgendlichen Gebetsrufe. „Um fünf Uhr plärrt der Muezzin, dann ist der schönste Schlaf dahin", sagt das örtliche Journalistensprichwort. Signalisieren die Hubschrauber und Panzer erhöhte Wachsamkeit wegen neuer Anschläge oder die Ankunft einer der vielen hohen Gäste, die hier allwöchentlich durchgeschleust werden und die für die nächsten Etatberatungen zugunsten der hiesigen Krise weichgeklopft werden müssen? Ergattert das Mobiltelefon noch ein freies Funkfeld für ein Telefonat nach Hause oder am Ort?

Der Basar setzt sich fort in der Hotelhalle, am Frühstückstisch, im Kaffeehaus, das vor dem Stacheldraht um Kouchners Bürokaserne liegt. Bis neun habe ich alle Informationen und Gerüchte gesammelt, die für den Tag wichtig scheinen. Journalisten müssen erzählte Geschichten nachrecherchieren, ich bin kein Journalist, ich habe dafür keine Zeit, ich soll eine Bühne aufbauen für Journalisten.

Beim Bayerischen Fernsehen war Robert Lembke eine Zeitlang mein Chefredakteur. Erst ein verehrter Lehrmeister, dem ich meine ersten Auslandsaufträge – Kamerun und Togo, 1961 – verdanke. Später in der Programmdirektion der ARD ein schwieriger, machtbewusster, manipulativer Kollege. Freundlich und witzeverstreuend nur dort, wo ein Rotlicht eine eingeschaltete Kamera signalisierte. Er trug als Berufsbezeichnung immer Journalist ein. Ich nicht.

Ich bin Redakteur. Ich organisiere und strukturiere Journalismus.

Von der Lehrbuchmeinung, dass Journalist und Redakteur ein Team sind, beide füreinander unverzichtbar, beide die gegenseitigen Leistungen steigernd, findet sich in der Praxis wenig. In Wirklichkeit rivalisieren beide. Weniger um die Gunst des Konsumenten, denn der nimmt in der Regel nur das Werk des Journalisten wahr. Es sei denn, er läse das Impressum. Aber um die Gunst der Verleger und Intendanten und medienpolitischen Sprecher, um das BMW-Testfahrzeug und die Salvator-Einladung. Der mittelmäßige Redakteur sagt: Ich erteile Journalisten Aufträge und kontrolliere deren zweckdienliche Ausführung. Der mittelmäßige Journalist sagt: Der Redakteur ist eine sesselfurzende Hilfskraft, die für alles zu sorgen hat, was ich für meine Arbeit fordere: Geld, Einreise- und Drehgenehmigungen, VIP-Pkw, Einzelzimmer im Zwölf-Sterne-Hotel am Einsatzort, Erschwerniszulagen, Satellitenverbindung. Auch im Kosovo kommen sich die beiden immer wieder in die Quere.

Darf der Regierungs-Chef im Rundfunk vorkommen?

In den Augen der Kosovaren hat Kouchner das Geld, viel, viel Geld. „Gebt es raus, ihr internationalen Geldverbrenner", sagen die nationalen Extremisten. „Gebt es der siegreichen UCK, die weiß, wer belohnt und entlohnt werden muss und wie man das Geld – ist doch unser Geld, oder nicht? – sinnvoll unter die Leute bringt." Die Gemäßigten begnügen sich damit, Kouchner für alles verantwortlich zu machen: „Warum macht er dies und nicht jenes? Warum hat er meinen Vorschlag, mein Projekt nicht aufgegriffen? Warum redet er mit jenem und nicht mit mir? Warum ist er nicht zu sprechen? Warum erfährt man nicht, was er macht und was er vorhat?" Wie überall anderswo auch, wo regiert und entschieden werden muss.

Kouchner muss sagen können, was seines Amtes ist, wer er ist, was er tut und was er will. Dafür braucht er Rundfunk, braucht er mich. Ich werde ihm helfen. Die Journalistenkollegen löchern mich: „Der Kouchner ist doch ein Leichtgewicht, seine Ergebnisse ziemlich dürftig. Wer berät ihn denn? Sind doch alles Flaschen, unerfahren im Krisengeschäft. Und der Rundfunk, den du da planst, das ist doch letztlich eine Art von Regierungsfunk, Kouchnerfunk."

„Nein", sage ich, „Kouchner wird darin nicht öfter vorkommen und nicht weniger kritisch beleuchtet als Stoiber im BR oder der NRW-Regierungschef im WDR." Mensch, für kritischen investigativen Journalismus bin ich hier nicht zuständig. Bevor ich einen Schauspieler, einen Regisseur in die Pfanne haue, muss ich einen Auftrittsraum, eine Bühne schaffen und überdachen und ihn spielen lassen. Wenn er dann gespielt hat, können sich die, die das für schlecht halten, öffentlich mit denen auseinander setzen, die das für notwendig und brauchbar ansehen.

Die mobilen Einsatztrupps der UER

CNN kennt jeder, die UER kennen nur Eingeweihte. Es stimmt, CNN kann schnell einen englisch parlierenden Kopf präsentieren, wenn es irgendwo kriselt. Der erzählt dann, wie die Amerikaner es der Welt wieder einmal gezeigt haben. Die UER ist genau so schnell vor Ort und an mehr Orten als CNN, aber als Dienstleistungsbetrieb, ohne sprechende Köpfe. Den sprechenden Kopf darf jeder Abnehmer, der die UER-Produktionsmittel nutzt, selber einblenden.

Als ich nach Pristina komme, ist CNN schon abgezogen.

Die UER hat einen Satellitenübertragungswagen vor dem Hotel stehen, mit Generator. Der Generator erlaubt auch, solange er läuft, Telefon- und Fax-Verbindungen. Im ersten Stock des Grand Hotels sind vier Zimmer angemietet, zwischen Friseur und medizinischem Dienst. Ein Büro, zwei Schneideräume, ein Überspielraum. Das Ende des Ganges ist mit ein paar Regalen zu einer Redaktions-, Aufenthalts-, Vorführ-, Interview- und Espressoausschankfläche abgeteilt. Permanente Improvisation. Die Frauen und Männer, die dort arbeiten, sind ein besonderer Menschenschlag. Vergleichbare Haudegen und -innen trifft man vielleicht unter den transkontinentalen Fahrern des Hotelbusunternehmens Höltl aus Niederbayern, unter trinkfesten Krisenstab-Militärs, unter Blauhelmen, manchmal sogar unter Journalisten. Allrounder, Alleskönner. Hochprofessionelle Chaoten. Für gewerkschaftlich ausgehandelte und kontrollierte Arbeitszeiten und Planstellenspiele völlig ungeeignet. Drei Monate Tag und Nacht im Einsatz. Dann drei Monate Privatvergnügen oder Familie, soweit die nicht längst abhanden gekommen ist. Tüftler, Bastler, Zocker, Spinner. Dienstleister, aber mit ausgeprägtem Selbstbewusstsein und Durchsetzungsvermögen. Die immer einen Ausweg wissen, auch wenn sie den nicht jedem zeigen. Sie können Journalisten den Weg ebnen. Oder sie ins Gestrüpp laufen lassen.

Aus spießigen Ländern, auch aus Deutschland, kommen besonders viele und gute Legionäre. Oft genug und gern habe ich selber dazugehört. Diesmal ist der ausgebuffte Chef des UER-Teams vor Ort ein Belgier. Ivan versteht meine Probleme sofort. Erst planen oder schnellstens loslegen? Mit Lokalkräften oder mit internationalen? Mit wie viel Kouchner-Einfluss, mit wie viel vorläufiger, mit wie viel endgültiger Öffentlichrechtlichkeit? Welche Gangart gegenüber Behörden? Welche Strategie gegenüber kommerziellen Mitbewerbern? An welchem Standort, mit welcher Technik, mit welchen Sendemöglichkeiten? Und die Erfolgsaussichten? Gering, aber besser als null, resümieren wir. Das reicht als Motivation zum Weitermachen.

Ivan macht ein Bürozimmer für mich frei. Überlässt mir – unter dem Vorbehalt eines fristlosen Rückforderungsrechts – zwei Telefone: einen Satellitenanschluss und einen UER-internen Hausapparat. Wunder der Technik: Solange der Generator funktioniert und eine Leitung frei ist, kann ich direkt – quasi hausintern – mit den Genfer Kollegen sprechen. Ich habe zwar ein schönes Großraumbüro von der OSZE. Das brauche ich auch wegen der vielen Kontakte innerhalb der OSZE. Dort gibt es Computer, aber keine Telefone. Also brauchen wir das Standbein im Hotel, wo die UER sich niedergelassen hat. Das wird die Anlaufstelle. Ich bringe Hinweisschilder an: „RTK, Radio Television Kosovo, 1. Stock". Bis zum Sendebeginn wird das unsere Zentrale sein. Schon nach einer Stunde ist das dritte o von Kosovo ausgestrichen und ein a darübergeschrieben. Eine symbolische Stellvertreter-Schlacht, erbittert ausgefochten, um den korrekten Buchstaben. Das o ist serbisch, das a albanisch. Die UN geht theoretisch von einem Fortbestand der serbischen Föderation aus. Also o. Die Albaner erkennen kein o an, wer o schreibt, ist unwissend oder ein Feind oder Verräter. Ein paar Mal tausche ich die Schilder aus, dann lasse ich sie als Denkmal der unlösbaren Vokalkollision hängen. Auch in diesem Bericht laufen a und o parallel, je nach Zusammenhang.

Auch RTK, der Name für das Unternehmen, den ich propagiere und schließlich durchsetze, ist Programm und Symbol: Rundfunk und Fernsehen aus einer Hand. Wir sind nicht das alte RTP mit dem Hauptstadtnamen im Titel, wir sind etwas Neues, und wir senden für alle Kosovaren, nicht nur aus und für Pristina. Er besetzt, wie „Das Erste" in Deutschland, einen einleuchtenden und publikumswirksamen Titel, der Versprechen und Anspruch enthält. Natürlich setzt sofort ein Sturmlauf gegen diesen Titel ein, getragen von denen, die lieber einen alten wiederbeleben möchten und von denen, die sich gern selber damit geschmückt hätten. Und natürlich von denen, die zwar keinen einleuchtenderen haben, aber vor allem vehement dagegen sind, dass überhaupt einer vergeben wird.

Wir konstruieren ein „Event"

„Angenommen", beginne ich das nächste Mitternachtsgespräch mit Ivan und dem Team, „Madonna käme nach Pristina und wir hätten die Rechte an ihrem Solidaritätskonzert, welchen Vorlauf bräuchte die UER für eine Live-Übertragung?"

Die Antworten schwanken zwischen 48 Stunden und sechs Tagen, je nach Aufwand. „Und wenn Madonna dann mehrere Monate jeden Tag hintereinander singen würde, und wir würden jedes Mal übertragen?" Dann dauert's etwas länger. Wie lange? Zwei, drei, vier Wochen? Hier, liebe Freunde, ist ein solcher „Event"-Fall, eine Notlage, in der wir so reagieren müssen wie bei einem bedeutenden aktuellen Anlass. Man kann aufwändig senden und primitiv. Man kann teuer senden und billiger. Man kann mit viel Personal arbeiten und mit weniger. Ein Notprogramm für Kosovo brauchen wir, überschaubar, finanzierbar, unaufgeplustert, effektiv. Vor allem schnell. Es muss die ersten Räume in einem Haus füllen, das aufgestockt und erweitert werden kann.

Werden Medienfacharbeiter aus dem Osten gefragt, welche Länder sie besuchen, welche Systeme sie kennen lernen wollen, ist die Reihenfolge eindeutig: USA, die BBC. Mit weitem Abstand dann Frankreich und Italien. Länder, deren Medienhilfsprogramme man kennt. Deutschland kommt in den Wunschlisten selten vor, obwohl es ein brauchbares Angebot bereithält. „Ihr braucht nicht zu Sendern gehen, in denen die Wetterkarte allein so viel kostet wie euer ganzes Jahresprogramm", rate ich. Verstehe aber auch, dass sie Länder sehen wollen, prominente Kollegen, nicht nur nützliche Vorbildstudios.

Wo ich mitreden kann, bestehe ich auf Inaugenscheinnahme von Vergleichbarem.

Was ist Bartering? Ein Projekt in Sarajevo

In Sarajevo half mir die Adenauer-Stiftung, ein Seminar über kommerzielle Aktivitäten eines Senders zu finanzieren. Das braucht mein öffentlicher Sender. Er muss Bartering („Ich gebe dir kostenlose Programme und du gibst mir dafür kostenlose Werbezeit") kennen lernen und Sponsoring und die Grenzen der Produktwerbung im Programm. Muss ausrechnen können, wie viel er pro Werbespot verlangen, welche Rabatte bei Mehrfachbuchung einräumen darf. Eine Bedingung stellt die Stiftung. Es müssen auch Kommerzielle zugelassen sein. Ich berate mich mit meinen öffentlichen Antragstellern. „Kein Einwand", sagen die. Die Erstellung einer Preisliste ist kein Staats- oder Anstaltsgeheimnis. In Bosnien gibt es mehrere Dutzend Privatsender. Die schreiben wir alle an. Als das Seminar beginnt, sind die Mitarbeiter des öffentlichen Rundfunks zur allgemeinen Verblüffung fast unter sich. Nur eine Handvoll von Privatsendern macht von dem Angebot Gebrauch. Der Geldgeber ist überrascht, enttäuscht. Ich erkläre ihm die paradoxe Situation: Die meisten Privatsender haben das nicht nötig, haben große nationale und internationale Geldgeber im Rücken. Selbst die europäischen staatlichen Organisationen unterstützen mit Vorliebe das auf Privatwirtschaft Angelegte. Nur der öffentliche Rundfunk, dem die Behörden das früher bestehende Recht auf monatliche Rundfunkgebühren partout nicht wieder einräumen wollen, bemüht sich ernsthaft und dauerhaft um Werbeeinnahmen. Damit er nicht bei jeder Spende aus einem islamischen Land als Hisbollah-Ableger denunziert wird. Auf dem Seminar bestehe ich darauf, dass jemand spricht, der Werbung in den gewendeten Ostländern erfolgreich einsetzt. Werbeeinnahmen im Dienst des Senders, der Programmverbesserung, nicht des Shareholder Value. Ich finde auch Mariusz, einen jungen brillanten postkommunistischen Polen, der das (noch) erfolgreiche polnische Modell erläutert und – mit Recht – die meiste Aufmerksamkeit findet.

„Naja", gebe ich zu bedenken, „ihr habt halt der kommerziellen Konkurrenz dadurch standgehalten, dass ihr sie vorweggenommen, kopiert und unten überholt habt."

Auch in Deutschland kein völlig unerprobtes Programmkonzept. Mein polnischer Experte bestreitet das nicht.

„Aber dadurch, dass wir im Unterhaltsamen vorn geblieben sind, haben wir uns auch die Kompetenz und die Zuschauerquoten für Information und Aktualität erhalten. Wem nützt öffentliches Programm, wenn es keiner mehr sehen will?"

Hitzige Aussprache über ein Kernthema in fast allen gewendeten Ländern: Wann ist die Programmsuppe so wohlschmeckend dünn, dass man sie nicht mehr als unverwechselbar öffentlich verkaufen darf?

Ein Produktionsformat nimmt Gestalt an

Mein Favorit unter den Modellsendern liegt in Slowenien. Dorthin wollen viele nur ungern, aber da ist das Machbare, das Nachhaltige, das Angemessene, das Unprätentiöse. Boris Bergant, Auslands-Chef und stellvertretender Intendant das slowenischen Fernsehens, Vizepräsident der UER, zeigt mir den Ableger seines Senders in Koper. In drei Altstadthäusern hat der slowenische Rundfunk RTVSLO ein Regionalstudio untergebracht. Das hat als „Radio Capodistria" schon zu Titos Zeiten die Italiener und die mächtige RAI und die UER auf die Palme gebracht, weil es von Slowenien aus in Italienisch nach Norditalien sendete. Moderne Technik, wenige, aber gut ausgebildete Fachleute. Aktuelles kommt aus einem esszimmergroßen Mini-Doppel-Studio. In der linken Ecke der italienische Sprecher, in der rechten, von der gleichen Kamera bedient, der slowenische. Lean, leaner, am leansten.

Ich bin dafür, dass wir mit einem Einzimmer-Studio anfangen. In den zwei Sprachen, die im Land gesprochen werden: Serbokroatisch oder Serbisch, seit die Nicht-Serben ihre Dialekte zu gesonderten Staatssprachen hochstilisieren, und Albanisch. Das kann eine Mini-Ausrüstung sein mit zwei oder drei Kameras, vielleicht mobil zum Ausbauen für Außendrehs. Noch schöner wäre natürlich ein gebrauchter Übertragungs-Wagen, mit dessen Kameras wir das Studio vorübergehend betreiben, bis sie wieder für den Außendienst freigegeben werden können. Das hat's schon oft gegeben, das funktioniert. Ich habe gerade erst mit meinem Kollegen Peter Vogt die

Albaner zu überzeugen versucht, dass sie die aufwändigen und unfinan-
zierbaren Architektenzeichnungen für ein Regionalstudio in Skodre in
Nordalbanien auf Wiedervorlage legen und stattdessen in einer Fabrikhalle
mit Hilfe eines ausgedienten Ü-Wagens aus Europa mit provisorischer
Studioproduktion beginnen sollen. Gebrauchtes will man allerdings in den
gewendeten Ländern höchst ungern, wo man doch dauernd so viel von
gigantischen Hilfsfonds und von großzügiger technischer Hilfe liest.

Ein Land braucht dringend demokratischen Rundfunk – aber welchen?

Wer senden will, braucht Sender

Sehr schnell werden die Termine für Sitzungen in Pristina ebenso knapp wie in den Medienmetropolen. Die Communications Group, die sich um die Wiederherstellung der Kommunikationsstrukturen kümmert, muss am Sonntag früh tagen, in einer kleinen Aula neben Kouchners Büro. Die UN sind vertreten. Für die OSZE führt sich Douglas Davidson ein, ein Amerikaner, der die Medienabteilung seines Hauses aufbauen soll. Er hat internationale Erfahrung, also anders als die meisten seiner Landsleute Verständnis für einen öffentlichen Rundfunk. Da er Deutsch kann und unsere Büros beieinander liegen, begrüßen wir uns ironisch als „Herr Staatssekretär" und „Herr Präsident Generaldirektor." Mehr als andere trägt er dazu bei, dass unser Projekt nicht versandet. Vom Militär, von KFOR, kommt Oberst Dwight Webster, im Zivilberuf bei den Verkehrsbetrieben von New York. Hat nur einen Nachteil: Er hat schon in Bosnien mitgemacht und versteht nicht immer, warum wir es hier anders machen wollen.

Der Blick auf die Sendeanlagen stimmt düster. Die beiden Hauptsender des Landes, Goles bei Pristina und Zvilen bei Prizren, hat die Nato umgenietet, Goles wenige Stunden vor dem Waffenstillstand.

Jede der vier westlichen Besatzungsmächte bastelt für ihre eigene Einflusszone an lokalen Senderprojekten. Nein, nein, die wollen wir keineswegs zentralisieren, aber wenn die Deutschen in Prizren mit Hilfe der Deutschen Welle einen örtlichen Kleinsender errichten und ein Mini-Studio, dann sollen sie uns darüber informieren, was sie produzieren und ausstrahlen, Teile unseres Programms übernehmen und uns ihre Beiträge anbieten.

Jedem, der nach Pristina kommt, fallen die zahllosen Satellitenschüsseln auf. Man sieht sie auf jedem Haus, auch wenn man denkt, das Dach müsse gleich unter der Antennenlast zusammenbrechen. Die Albaner, eigener Kommunikationsmittel beraubt, haben sich Fernsehprogramme per Satellit besorgt: mazedonisches, albanisches, montenegrinisches, türkisches Programm. Auch CNN, BBC World und Deutsche Welle. Auch Programme aus Belgrad, die immer noch besser waren als das örtliche Kolonialprogramm und auch Schlager und Spielfilme im Angebot haben. Wir besorgen uns die Sende- und Programmpläne dieser einstrahlenden Sender, lassen sondieren, welche Satellitenzeiten zu welchen Bedingungen für uns frei wären, in welches Zeitfenster wir uns zwischen anderen bereits verbreiteten Programmen einfädeln könnten.

Mittwoch ist Inspektionstag

An diesem Tag gilt es herauszufinden, in welchem Zustand die alten Sendeanlagen sind. Nebenher die vielseitige Landschaft der Region kennen lernen. Fahrt zum früheren Hauptsender Goles, von dem aus man 60 Prozent des Landes versorgen kann. Dwight am Steuer mit Helm und kugelsicherer Weste. Brauchen wir das auch?

„Besser wär 's", knurrt er verlegen, „aber ich habe keine Ausrüstung für euch übrig." Am Fuße des Berges eine mit Kratern übersäte ehemalige Hühnerfarm.

„War Tarnung", erläutert Dwight, „darunter war ein serbisches militärisches Kommunikationszentrum."

Mit im Wagen ein englischer Communication Officer. Dazu ein schweigsamer amerikanischer Oberst, der sich nur mühsam den Grund für sein Interesse aus der Nase ziehen lässt. Er ist vom Nato-Einsatzstab, der vom Luftwaffenstützpunkt Piacenza aus die Zerstörung überwachte.

„Ich hatte eine Liste von Protected Sites, also was wir verschonen wollten. Da war auch Goles drauf. Ich sagte immer, lasst doch den Sender stehen, den brauchen wir bald. Aber die Guys von der Air Force brauchten ja immer neue Targets. Sagten, lass mal deine Liste rüberwachsen mit den Protected Sites, da müssen noch ein paar dran glauben. Also musste ich Goles freigeben."

Die Präzisions-Raketen, die den Sender trafen, erzeugen, wenn ich 's richtig verstanden habe, ein Hitze- und Energiefeld, das die ganze Umgebung „ausbläst". Die Rakete dringt, das konnte man sehen, durch alle bekannten Materialien – Stein, Beton, Stahl – wie durch Butter und lässt alles Schmelzbare schmelzen. Der 120 Meter hohe Mast liegt eingeknickt wie ein von Riesen verdrehtes Kinderspielzeug. Er fiel, weil seine Füße schmolzen und er sich verwindend kippte, aber so (genial), dass er das

Sendegebäude nicht beschädigte. Das wurde zwar vom Luftdruck ausgefegt, scheint aber wiederverwendbar. Angewandter Unterricht in moderner Zerstörungstechnik. Also, das wird dauern, bis von dort wieder gesendet wird. Wir werden an der Satellitenoption weiterarbeiten.

Jetzt sind ungarische und englische Bewacher oben an den Sendertrümmern, Kinder spielen und albern mit den Wachen am Tor.

In mir steigen Erinnerungsfetzen an 1945 auf: Ex-Pimpf Dill am Zelt der amerikanischen Straßenposten vor Nürnberg. Lernt dort den Besatzer Richard Homan aus Sugar Grove in West Virginia kennen, mit dem sich eine lebenslange Freundschaft anbahnt. Der war später Bankdirektor und Vorsitzender der VFW, der Veterans of Foreign Wars, der amerikanischen Kriegsveteranen.

Ein zerbeulter Lastwagen mit zerbeultem deutschem Autokennzeichen entsorgt die fahrbaren Kabinentoiletten.

„Aber die saugen bloß ab, statt dass sie mal die Sitze und die Schüsseln richtig abspritzen", beklagt sich der englische Signaloffizier.

Von Goles aus hat man einen guten Blick hinunter auf den Flugplatz von Pristina, Schauplatz der wohl groteskesten Militäroperation im Kosovokrieg: die Nato im geordneten disziplinierten Vormarsch. Plötzlich preschen russische Panzer, aus Serbien kommend, heran, besetzen den Flugplatz, etablieren Russland als fünfte Besatzungsmacht. Allgemeine (gespielte?) Überraschung und Ratlosigkeit. Droht ein bewaffneter Konflikt, ein Dritter Weltkrieg? Aus Hangars, die in den Berg geschlagen sind, entfliegen (unerwartet?) mehrere MIGs. Dann lassen sich die russischen Besatzungssprinter wiederum von den Engländern einkesseln, die ihnen auch großmütig Wasser und Lebensmittel abgeben. War das Flugzeugdepot geheim, unbekannt, wie die Nato verlegen behauptet, als man ihr vorwirft, es nicht ausgeräuchert zu haben? Dwight zeigt uns seine Militärkarte: Da ist der Hügel klar als serbische unterirdische Luftwaffeneinrichtung ausgewiesen. Bei der Rückfahrt sehen wir, wie sich in Flugplatznähe englische und russische Panzer auf beiden Seiten einer Dorfstraße gegenüberstehen, die Geschütze aufeinander gerichtet. Waffenbrüderschaft der besonderen Art.

„Wir schützen volkseigenen Besitz"

Ein anderer Mittwoch. Besuch bei einer offenbar unbeschädigt erhaltenen Radiosendeanlage. Die Pläne habe ich mir beim mazedonischen Rundfunk in Skopje beschafft. Dort geht im stadtbildbestimmenden Funkhaus alles seinen alten JRT-Trott. Personalüberhang, Proporz, Versorgungsplanstellen, Gleitarbeitszeit mit großzügiger Mittagspause, administrative Spinnennetze. So, wie es sich die ehemaligen Mitarbeiter in Pristina erträumen?

Der Mast steht, offenbar unbeschädigt, in einem riesigen umzäunten Wiesengelände. Wir halten vor einem mit Stacheldraht vergitterten Einfahrtstor, studieren Pläne auf der Kühlerhaube. Nach drei Minuten kommt der erste Neugierige, blickt uns kurz über die Schulter und eilt davon. Weitere fünf Minuten später eine Delegation. Die örtliche UCK-Verwaltung mit Dolmetscher. Die UCK habe diese Sendeanlage besetzt und damit vor Zerstörung gerettet, man sei erfreut, dass jetzt endlich jemand kommt, um über Wiederinbetriebnahme zu verhandeln. Wir finden die Anlage ohne Stromversorgung, aber intakt. In einem Zimmer Pritschen für die Dauerwachen. Der serbische Ingenieur vom Dienst hat das Sendelogbuch bis zur letzten Stunde am 16. Juni 1999 vor – was? seiner Abreise, seiner Flucht, seiner Ablösung, seiner Verhaftung, seiner Erschießung – minutiös geführt. Die Türen zu den Stromaggregaten sind verschlossen. Möchten wir aber gerne sehen. Keine Schlüssel vorhanden. „Muss ich Pioniere schicken zum Aufsprengen", meint mein amerikanischer Militärbegleiter.

„Moment!", schalte ich mich ein, „ihr habt doch bestimmt nachgeschaut, ob da drin Minen liegen. Und? Wie seid ihr reingekommen?"

Inzwischen treffen weitere höhere UCK-Chargen ein. Also, wie ist es mit der Entlohnung für die Bewachung dieser Anlage, mit der Wiederanstellung der hier früher Tätigen? Ich erkläre den Stand. Wir informieren uns, wir setzen uns für ehemalige Mitarbeiter ein, können aber weder Bargeld übergeben noch Zusagen für Arbeitsplätze machen. Wir arbeiten an einer technischen Bestandsaufnahme. Erst wenn die komplett ist, wird entschieden, ob und wie es hier weitergeht, bitte trotzdem die Schlüssel.

Die Generatoranlage ist altmodisch, aber intakt. Kann nach Meinung meines albanischen Ingenieurs, auf den die Schutztruppe eifrig einredet, der uns aber offenbar erfolgreich als Verbündete der UCK schildert, innerhalb von Tagen wieder in Betrieb genommen werden. Allerdings fehlen in den Sendekonsolen einige unverzichtbare Röhren und Module. „Über deren Verbleib können wir gern verhandeln", sagt der UCK-Dorfkommandant. Wir bedanken uns. „Wir kommen wieder."

Auch das muss man wissen, erlebt haben. In vielen abgelegenen Dörfern hat die UCK nach dem Abzug der Serben tatsächlich die örtliche Verwaltung übernommen, für Strom, Wasser und Lebensmittelverteilung gesorgt. Und Objektschutz betrieben. Nicht ohne Grund ist sie noch lange nach dem Krieg im ganzen Land als Ordnungsmacht weithin geachtet und beliebt.

Zvilen, der Großsender oberhalb von Prizren, dem Mittelpunkt der deutschen Besatzungszone, ist ein einziger Schutthaufen. Der Besuch dort erfordert besondere Vorbereitungen und intermilitärische Absprachen. Dort sitzt die Bundeswehr mit gewaltigen Anlagen, von denen wir später erfahren, dass sie dem Abhören des gesamten regionalen Funkverkehrs dienen. Der Gedanke, dass hier, wenn auch in fernerer Zukunft, wieder ein kosovarischer Sendemast stehen könnte, stößt bei meinen im Allgemeinen überaus zuvorkommenden Landsleuten auf wenig Glauben und Gegenliebe. Sie verweisen mich auf einige benachbarte Gipfel, auf denen man sich später andere Sendeanlagen vorstellen könne, nach intensiver Absprache über benutzte Frequenzen natürlich.

In Prizren konstatieren meine Begleiter wohltuenden deutschen Einfluss. Wenig Müll auf den Straßen, geregelter Verkehr mit Einbahnschildern, an die man sich offenbar auch hält. Gezielter Wiederaufbau im Ortskern mit gelegentlichen Angebotsschildern auf Deutsch vor den Läden. Die Kehrseite: Wo man sieht, dass deutsche Pioniere den Müll wegräumen, kann man ihn ja ohne schlechtes Gewissen vom Balkon kippen.

Die Währung im Kosovo ist ohnehin die Deutsche Mark, später der Euro. Wieso kann man hier albanischsprachiges Fernsehen empfangen, obwohl es keine Satellitenantennen gibt? Weil ein Privatsender aus der albanischen Grenzstadt Kukesh ein eigenes Programmfenster für Prizren sendet. Kann man mit denen nicht verhandeln, ob sie nicht Teile unseres Programms in ihr Fenster aufnehmen können für die, die auf terrestrischen Empfang angewiesen sind?

Medienberater unter sich

Das UER-Team bekommt Verstärkung – oder Konkurrenz. Die UN gab ihren Planungsauftrag an die UER und an mich. Die OSZE wollte Stephen Claypole, einen renommierten und teuren englischen Berater aus der Newsbranche, früher BBC, später Chefredakteur von Visnews. Jetzt kommt er mit einem eigenen Team und dem Sonderauftrag, für den Rundfunk ein System der Nachrichtengebung zu entwerfen. Bezahlen tut ihn das englische Ministerium für Entwicklungshilfe.

Wenn Deutsche einen Beratungsauftrag übernehmen, lassen sie sich an supranationaler Gesinnung von niemandem übertreffen. Niemand soll ihnen vorwerfen, dass sie Deutschland, deutsche Methoden, Experten, Geräte überhaupt nur erwähnen, geschweige denn empfehlen oder gar bevorzugen. Die übrigen Westmächte sind da weniger pingelig. Ein englischer Experte soll vor allem Aufträge für englische Firmen akquirieren, möglichst bezahlt aus internationalen Fonds. Deshalb finanziert Deutschland über die UN und die EU, über Weltbank und andere Träger laufend Projekte anderer Länder.

Die internationale Beraterszene ist stark BBC-lastig. BBC baut keine Stellen ab, sie stellt lediglich der nach BBC-Know-how dürstenden Welt großmütig und auf anderer Kosten ihre ehemaligen Angestellten zur Verfügung. Warum machen wir das eigentlich nicht genauso?

Stephen kennt das News-Milieu. Was ihm vorschwebt, ist eine selbstständige Nachrichtengesellschaft in einem Großraum-Newsstudio, gemeinsam für Hörfunk und Fernsehen. Nach britischem ITN-Vorbild als eigenständige Einheit innerhalb des Senders. Das Land wird bedient mit Ü-Wagen, die direkt zum Satelliten funken. „Mensch, Stephen, das ist Kosovo, nach Albanien eines der ärmsten Länder der Welt. Die brauchen etwas, das sich in den Rundfunk einfügt. Ich will keinen Super-News-Sender mit paralleler oder angehängter allgemeiner Programmproduktion, sondern einen Vollsender mit integriertem Nachrichtendienst."

Aber die ARD macht 's ja schließlich genauso, wie er vorschlägt: Sie betreibt einen zentralen Newspool mit der Tagesschau.

Wir ringen um ein gemeinsames integriertes Konzept. Stimmen schnell überein, dass die Länder im Osten eine einmalige Modernisierungschance haben und sich, da sie sich von alten Strukturen befreien müssen, mit geringem Mehraufwand gleich effektive neue zulegen könnten, technisch und redaktionell. Besseres, kleineres, flexibleres, wenn auch teureres Gerät. Weniger und anders, das heißt besser ausgebildete Mitarbeiter am Computer im elektronischen Newsroom.

Als ich beim Fernsehen anfing, in den Fünfzigern, dominierte das gute alte Vier- oder Fünfmannteam. Redakteur, Kameramann plus Assistent, Toningenieur, mit oder ohne Assistent. Fahrer mit Fahrtenbuch. Getrennte Arbeitsbereiche in getrennter Zuständigkeit:

„Du machst dei Bild, und wiari mein Ton mach, des überlasst mir, sonst gibt 's Ärger. "

Der Redakteur ist ohnehin nur geduldeter Zuschauer, kann sich ja hinterher im Schneideraum und beim Herstellen seiner grottenschlechten Texte austoben.

Ein Redakteur, der früher beim BR unbefugt durch die Kameralinse äugte, musste einen Kasten Bier spendieren. Als „Chef"-Kameramann Hans Schrödl zum ersten Mal fragte „Mogst amoi durchschaung?", war das wie die Erhebung in den Adelsstand. Meistens sagte er zu Jungredakteuren:

„Etz sogst noamoi, wosd genau wuist. Dann hockst di do ins Wirtshaus eina, und i dreh in Ruhe unsa Schtory. Wenns da nochher ned gfoit, dann suachsta hoit as nexte Moi an ondan Kameramann. "

Die alten Maxi-Teams sollen offenbar auch hier wieder aufleben. Aber angesagt ist der MSTO, der Multi-Skilled Technical Operator, das Einmann-Team im eigenen Fahrzeug.

Stephen und ich sind uns einig, dass die Gestaltung der Nachrichten ein Prüfstein ist für Mediendemokratisierung. Noch jeder Auftraggeber für Rundfunkplanung fragt als erstes: „Wer wählt die Nachrichten aus?" Oder noch deutlicher, wenn er den Berater für seinen Komplizen hält: „Wie kann ich sicherstellen, dass die richtigen Leute, also die meines Vertrauens, die Nachrichten auswählen?"

Ich bin für getrennte Nachrichtenabteilungen in Hörfunk und Fernsehen, weil dabei die Pluralität von Meinungen die größere Chance hat. Stephen hofft auf ein neues Selbstbewusstsein gut ausgebildeter und gut bezahlter Journalisten, die sich als Spezialisten im Rahmen einer großen selbstständigen Organisation weniger gängeln lassen. Das haben wir uns jahrzehntelang bei unseren Ausbildungskursen – ich hielt meinen ersten 1961 in Uganda für afrikanische Rundfunkredakteure ab – für Entwicklungsländer erhofft. Selten mit Erfolg.

„Du willst groß, mittelfristig, aufwändig, modern und international",
fasse ich zusammen. „Ich will klein, sofort, simpel, billig, den Fähigkeiten
und Aufnahmemöglichkeiten der Menschen hier angepasst." Joe, der New
Yorker UN-Mephisto in meinem Ohr, sagt: „Lass ihn doch machen. Er
macht einen Bericht, da kommen unten völlig irreale Investitionssummen
raus, die niemand finanzieren wird. Der Bericht liegt dann so lange auf
einem Schreibtisch, bis er nach zwei Jahren überholt ist und ein anderer
Medien-Oberplaner einen neuen anfordert. Und wenn er das Geld tatsächlich kriegt, dann ist das doch bestens für uns und für das Land."

Stephen ist dann mit seinem Plan das Gleiche passiert wie mir in anderen Situationen: Er wurde vielseitig belobigt, bewirkte aber keine Mittelzu-
teilung. RTK hat heute zwei integrierte, wenn auch kooperierende Nachrichtenabteilungen, eine für den Hörfunk, eine fürs Fernsehen.

Anfangen – aber wo?

Angenommen, wir kriegen das Personal und das Gerät und das Startgeld,
wo sollen wir damit hin? Fast täglich inspizieren wir mögliche Produktionsstätten. Das alte Fernsehstudio haben wir wegen seines schlechten Zu-
standes ausgeklammert. Inzwischen ist es wieder in Betrieb. Das einfachste
wäre, ein paar Konferenzräume im Hotel zu mieten. Damit würde allerdings jede nationale Identifikationsmöglichkeit entfallen. Mit mir im OS-
ZE-Büro sitzt Willem, ein holländischer Vertreter des internationalen
Journalistenverbands.

Willem soll für die OSZE die Presse und die Journalistenausbildung im
Land neu organisieren. Er bietet mir ein Stockwerk im Pressehochhaus an,
das er langsam wieder mit neuem Leben füllen will. Mehrere Begehungen.
Unschlüssigkeit. Ergebnis dann: Räume zu niedrig, keine Kabelschächte.
Willem ist enttäuscht, hätte uns gern als potenzielle, zahlende Mieter in
seinem Reformprojekt gehabt.

Was hätten wir denn sonst noch?

Zum zwölfstöckigen Funkhaus im Stadtzentrum gehört ein flacher wal-
fischförmiger Anbau. Der ist irgendwie in einem Stadium von Roh- und
Umbau steckengeblieben, hat aber genügend umbauten Raum. Im Mittelpunkt liegt ein riesiges halbfertiges Studio. Der Verein der Ehemaligen
lässt mich wissen, dass sie diesen Raum als das Zentrum der zukünftigen
Musik- und Konzertproduktion ihres Senders vorgesehen haben und ich

deshalb darüber nicht verfügen könne. Ich antworte mit einer Darlegung von Besatzungsrecht. Bis zur Bildung einer neuen Regierung liegt die Schlüsselgewalt bei den von den UN eingesetzten Behörden. Die sind bis auf weiteres meine Verhandlungspartner und meine Genehmigungserteiler. Selbst wenn dort ein provisorisches Fernsehstudio entsteht, kann es eines Tages wieder ausziehen.

Wir konzentrieren uns auf diesen Anbau als ersten Produktionsort.

Ein 14-Punkte-Konzept für Kouchner

Bei der UER in Genf habe ich die richtigen Partner. Präsident Scharf ist für diesen neuen gewagten Schritt der UER in die operationelle Verantwortung für einen öffentlichen Modellrundfunk. Jean Bernard Münch, der Generalsekretär, ist dafür, teilt mir seine persönliche Referentin, eine polyglotte Irin mit dem Namen Avril Mahon Roberts als Projektbetreuerin mit. Natürlich denken sie auch daran, ob sie die Zustimmung der Mitglieder für den Weg in dieses operationelle Neuland gewinnen werden. Derjenige in Genf, der es organisieren muss, ist wieder ein Belgier, der mit allen Wassern gewaschene Chef der UER-Nachrichtendienste, Tony Naets. „Geht das?", frage ich ihn. „Ja, wenn du es so machst, wie ich es dir sage." Na, Mahlzeit! Jedenfalls beginnt Genf mit der Suche nach Führungspersonal, nach Gerät, nach einem passenden Satelliten, nach geeigneten Programmen, nach Sponsoren. Es wird ernst.

Das Team verfasst ein Konzept über Technik, Personal, Finanzen. Als Kouchner im Vorübergehen wieder einmal fragt: „Na, plant ihr auch schön?", sage ich: „Wir sind fertig, wir können loslegen. Wann hören Sie sich unser Konzept an?" Kouchner muss in diesen Tagen überall sein und Krisenmanagement betreiben, jeden Tag mit neuen Opfern und Hinterbliebenen sprechen, jeden Tag mit Geldgebern und Potentaten, jeden Tag eine neue Krise schlichten. Sein Hauptproblem ist sein durch unvorhersehbare Ereignisse, meist unerfreulicher Art, ständig über den Haufen geworfener Terminkalender. Schließlich passe ich ihn wieder auf dem Weg vom Hubschrauber ins Büro ab:

„Fünf Seiten, das können Sie doch lesen und sich anhören!"

Einen Tag später die Präsentation vor ihm und seinem Stab. Ich trage die 14 Punkte vor, die ich als Grundlage unserer Arbeit ansehe:

1. Wir schaffen ein Programm, das einen nationalen Notstand behebt.
2. Wir sind schnell.
3. Wir schaffen einen öffentlichen Rundfunk, der dem Volk gehört, für das Volk arbeitet und nach einer Übergangszeit in kosovarische Hände übergeht.
4. Dieser Dienst erlaubt der amtierenden Regierung Kouchner, erstmals mit dem Land zu kommunizieren und stellt diese Kommunikation auch für künftige Regierungen bereit.
5. Er stellt den ersten Stein dar in einem Baukastensystem, aus dem später ein echter, dem Land angemessener, nachhaltiger, richtig proportionierter und bezahlbarer „normaler" Rundfunk entsteht.
6. Er arbeitet gleichzeitig mit modernster Technik wie mit sparsamstem Einsatz von Personal und Finanzressourcen.
7. Er ist ein unersetzliches Hilfsmittel bei der Vorbereitung und Durchführung der herannahenden ersten demokratischen Wahlen.
8. Er behindert nicht andere Programmanbieter und stellt sich dem Wettbewerb mit ihnen.
9. Er ist von einer internationalen Gemeinschaft ohne Gewinnabsichten getragen und kann auf Erfahrung, Ressourcen, Solidarität und Hilfsbereitschaft der in der UER vereinigten Rundfunkanstalten zurückgreifen.
10. Er erreicht von Anfang an das ganze Land per Satellit und wird schrittweise von neu entstehenden terrestrischen Verteilmöglichkeiten Gebrauch machen.
11. Er wird der Bevölkerung des Kosovo erstmals seit einem Jahrzehnt Programme über ihre eigenen Angelegenheiten in ihrer eigenen Sprache bringen.
12. Er wird in den Landessprachen, also in Albanisch und Serbisch senden, später auch in den Sprachen anderer Minderheiten.
13. Es ist ein neuer Sender, der sich nach deutschem Vorbild möglichst umfassend von Altlasten befreien wird.
14. Er schafft eine beachtliche, wenn auch begrenzte Zahl von Arbeitsplätzen für neu ausgebildete und umgeschulte örtliche Mitarbeiter.

Punkte, denen eigentlich schwer zu widersprechen ist. Und von denen doch fast jeder einzelne den Keim zu Kontroversen in sich birgt.

„Und wann können Sie senden?"

Das will Kouchner wissen. Der wichtigste Moment der Verhandlung. Ich überlege nur kurz. Wir müssen die ersten sein. Die UER muss ihre Kompetenz auch unter Zeitdruck unter Beweis stellen. Hat sie oft genug bei internationalen Ereignissen getan.

„21 Tage, nachdem Sie den Vertrag mit der UER unterschrieben haben."

„Wo ist der Vertrag?"

„Liegt übermorgen auf Ihrem Tisch."

Und das tut er auch. Die Hausjuristen der UER schlagen einen nüchtern-genialen Text vor. Zwei Seiten, neun Paragrafen. Nur das Grundsätzliche, keine Einzelheiten. Ich atme auf. Jetzt ist Kouchner am Zug, ich kann in Ruhe warten, bis die Bürokratien darüber befunden haben, und inzwischen weiterplanen.

Zwei Tage später bin ich auf dem Weg zu Botschafter Everts. Der will mit mir das, was er für einen Vertragsentwurf hält, durchgehen und besprechen. Auf dem Weg dorthin stoppt mich Kouchner auf dem Gang und zieht mich in sein Büro.

„Wenn Sie sich aus dem Fenster lehnen, tue ich das auch. Hier ist der Vertrag. Lassen Sie mich jetzt nicht im Stich."

Handschlag. Etwas benommen nehme ich seine Unterschrift in Empfang. Sie ist datiert auf den 19. August 1999. Im Begleitbrief an den Generalsekretär der UER heißt es:

„Lieber Herr Münch, als Ergebnis der Gespräche in Pristina mit Ihrem Vertreter, Herrn Richard Dill, möchte ich den dringenden Wunsch meiner Behörde UNMIK bekräftigen, schnellstens einen Fernsehdienst für den gesamten Kosovo ins Leben zu rufen. Die Europäische Rundfunkunion hat durch Herrn Dill ihre Bereitschaft bekundet, einen solchen Dienst zu begründen und zu betreiben. Fußend auf diesen Gesprächen möchte ich die Grundlagen unserer Zusammenarbeit wie folgt definieren ..."

Wozu verpflichten sich die beiden Partner?

„Der Dienst wird nicht nur UNMIK-Programme im öffentlichen Interesse ausstrahlen. Seine Hauptaufgabe ist die Bereitstellung von Informationen für die Bevölkerung des Kosovo unter Berücksichtigung ihrer verschiedenen ethnischen Gruppen. Gleichzeitig wird der Fernsehdienst den Kern eines zukünftigen ‚öffentlichen' (public) Rundfunkdienstes für den Kosovo bilden.

Die UER wird alles daran setzen, den Dienst innerhalb von 21 Tagen nach der Bestätigung der vorliegenden Übereinkunft aufzunehmen.

Der Dienst wird über Satelliten verteilt und anfänglich zwei Programmstunden pro Tag umfassen."

Eine klare und begrüßenswerte Entscheidung für die UER, aber vor allem eine Entscheidung für öffentlichen Rundfunk. Die wird Kouchner noch Ärger machen, das ahne ich.

Der Countdown läuft

Es beginnen die stressigsten und pointenreichsten Tage meines Lebens.

Als erstes eile ich zu Botschafter Everts. Der setzt gerade auseinander, welchen Dienstweg Vertragsentwürfe in seiner Behörde in Wien durchlaufen, wie er sich für einen raschen Ablauf einsetzen und wie lange das im günstigsten Fall dauern werde.

Ich räuspere mich.

„Vielleicht braucht es das gar nicht. Kouchner hat soeben unterschrieben." Ungläubiges Schweigen. Der Vertrag wandert von Hand zu Hand. Tatsächlich. Mein Team ist entgeistert. 21 Tage? Wir dachten, die werden ab Herbst gezählt? Programmbeginn vielleicht am ersten Januar! Ich zücke meinen Kalender.

„Die UER muss den Brief von Kouchner bestätigen. Vielleicht zwei Tage Verzögerung. Dann wollen wir sicher an einem Wochenende anfangen, also Mitte September."

Tatsächlich wird es Sonntag, der 19. September 1999, 19 Uhr, werden.

Everts fasst sich als erster. „Kouchner hat in diesem Vertrag Mittel zugesagt. Mittel, die den Aufgabenbereich meiner Organisation betreffen und auch von uns beschafft werden müssen. Er braucht für einen solchen Vertrag unsere Zustimmung. Ich gehe sofort zu ihm."

Lebhafte Sitzungsaktivitäten. Wollen wir deren Ergebnis nicht abwarten?

Nein, unser Countdown läuft.

„Wenn sich herausstellen sollte, dass dieser Vertrag so nicht gelten kann", sage ich zu Everts, „habe ich keine Planungssicherheit und es bleibt mir und meinem Team nur die sofortige Abreise."

Everts ist für das Projekt, will aber Formalitäten und Hierarchien gewahrt sehen. Außerdem weiß er, was sich als richtig herausstellen wird, dass Kouchners Kasse überstrapaziert ist und er es sein wird, der wieder einmal auf Mitteljagd, auf „Fund Raising"-Tour gehen muss.

Ich fliege zur Klärung der Lage nach Genf. Nein, wir verhandeln keinen neuen Vertrag. Schließlich werden die offenen Fragen in einem ergänzenden Briefwechsel geklärt. Der Vertrag steht.

Mein Team löst sich auf. „Wir sind Planer, keine Betreiber, müssen zu unseren Jobs zurück", sagen meine UER-Kollegen. „Aber du kannst uns selbstverständlich jederzeit anrufen." Ich bin vorübergehend Intendant eines Einmann-Senders.

Allgemeiner Jubel – keine Spur

Dass es bald Fernsehen geben soll, elektrisiert die Provinz. Als Kouchner über die Abmachung informiert, beginnt ein gigantisches Spiel der gegensätzlichen Kräfte. Die Presse überschlägt sich. Fernsehen – ja, aber doch nicht so. Doch nicht ohne uns. Den größten Bekanntheits- und Beliebtheitsgrad in der westlichen Welt hat Veton Surroi, der Herausgeber der kosovarischen Tageszeitung „Kohaditore". Der war in Rambouillet dabei, dem großen Schlichtungsdiktat vor dem Feldzug, über das bis heute die widersprüchlichsten Ablaufberichte kursieren. Aus der Tatsache, dass sie dort letztlich kooperativ und unterschriftsbereit waren, leiten die UCK-Führer ihr Selbstverständnis ab, dass der Krieg vom Westen ja eigentlich für sie und mit ihnen geführt worden sei, dass sie demnach als die braven Getretenen als Belohnung die Regierung stellen und sich am gemeinsamen serbischen Feind nach Gutdünken rächen dürften. Da er gepflegtes Englisch spricht – Überbleibsel einer Redakteurszeit bei BBC – gilt Surroi als seriöser und unverzichtbarer Gesprächs- und Interviewpartner. Mehrere ausländische Regierungen und Geldgeber sind bereit, ihn bei der Gründung eines Privatsenders zu unterstützen. Seine Skepsis gegen unsere Pläne, die ich ihm vortrage und erläutere, ist durchsichtig.

„Kommen Sie doch zu uns", biete ich ihm schließlich an. „Bis Ihr eigener Sender steht, können Sie jede Woche bei mir eine Stunde Programm gestalten." Nach langem Zögern nimmt er unser Angebot an. Seine Redaktionen bleiben aber bei ihrer negativen Berichterstattung über uns; so ist die Kooperation nur von kurzer Dauer.

Der Verband der ehemaligen Mitarbeiter von RTP reagiert rüde. Diesen Besatzungssender wollen wir nicht – und wenn wir ihn wegbomben müssen. Im Rat der Ehemaligen sind auch gute und nachdenkliche Leute. Ali, einen Ingenieur aus ihrem Kreis, nehme ich in mein Team auf. Wohl wissend, dass er nicht nur für mich tätig sein wird. Er und seine Freunde sollen sehen, dass wir nichts Übles, Kosovofeindliches planen. Ich wiederum erfahre, was im Verband vorgeht. Das Ringen mit dem Verband ist meine schwerste Aufgabe, für die ich manche Nacht drangeben muss.

Die meisten leben in der Vorstellung, dass der Rundfunk wieder so werden wird wie vor 1990: eine Versorgungsanstalt für verdiente Volksgenossen oder Parteimitglieder mit gesicherten Planstellen und geringen Anforderungen.

„Ich bin sehr dafür, dass ihr euren entgangenen Lohn und eure Pension geltend macht. Aber doch nicht bei mir. Ich bin dafür, dass ein Wiedergutmachungs- und Lastenausgleichsbüro eingerichtet wird, das Ansprüche sammelt und dokumentiert. Dazu gibt es in Deutschland aus der Zeit der Wiedervereinigung hervorragende Experten. Von denen schicke ich euch einen. Aber den neuen Sender könnt ihr damit nicht belasten. Der wird weniger Leute haben als RTP früher. Und die müssen anders ausgebildet sein als ihr. Vielleicht können einige umgeschult werden, aber ihr könnt nicht damit rechnen, dort wieder anzufangen, wo ihr 1990 aufgehört habt."

Sie empören sich, dass die englische Sprache ein Kriterium sein soll bei der (Wieder-)Einstellung. „Wir sprechen hier albanisch." Vorsichtig erkläre ich, dass etwa bei großen internationalen Sportübertragungen, die der Sender von der UER übernehmen wird, albanisch für den Kommentator vor Ort oder zu Hause nicht ausreichen wird. Dass der Techniker, der Satellitenverbindungen betreut, Bedienungsanleitungen für Geräte zu befolgen hat, an internationalen Schaltkonferenzen teilzunehmen hat und dabei mit Albanisch allein nicht weit kommen wird.

„Was wollen Sie denn machen als Kommentator bei einem internationalen Sportereignis, wenn Sie kein Englisch können?", frage ich einen besonders hartnäckigen ehemaligen Sportchef.

„Da wird 's doch wohl einen albanischen Informationskanal geben wie früher bei der JRT." Die Lage bleibt gespannt bis zum Sendebeginn.

Die Mitarbeitersuche beginnt

Einer der Wortführer, ein Ingenieur, kann gut Englisch. Er versteht, was ich will und glaubt mir auch, dass ich seine Position verstehe und akzeptiere. Ob er nicht bei mir anfangen wolle, am besten sofort, aber spätestens, wenn der Streit vorbei ist. „Ich bin Fahrer und Dolmetscher bei einer internationalen Hilfsorganisation. 1800 Mark im Monat. Ich kann mir nicht leisten, für 800 oder 1000 bei euch zu arbeiten."

Gleichzeitig werde ich täglich von Dutzenden von Bewerbern berannt. Viele davon können erträglich Deutsch, haben für deutsche Medien-Teams gearbeitet. Enttäuschung, wenn ich sie vertröste.

Ich suche nach Albanern, die Sendungen machen können. Frage mich durch zu einem international renommierten Jugendtheater- und Filmmann. Schildere ihm die Lage, er will Vorschläge machen. Er kommt mit viel Papier zurück, schlägt unzählige Sendereihen vor im Stile von „Wetten, dass ...!", „Internationale Schlagerparade", „Wer wird Millionär?" Nein, unterbreche ich ihn: „Am Anfang haben wir ein Studio von 40 Quadratmetern. Da kann ein Gespräch stattfinden, ein Autor kann lesen, ein Künstler oder ein Buch kann vorgestellt werden, ein Sänger kann mit einem Gitarristen auftreten. Beengt für den Anfang, aber deshalb erst recht nach Kreativität verlangend." Der Regisseur verstummt, geht, taucht nicht wieder auf und ist fürderhin für mich nicht mehr zu sprechen. Verbreitet aber bei den „Intellektuellen" das, was auch immer wieder westliche Kollegen sagen: Das wird Billig-Fernsehen ohne Niveau, unwürdig einer großen Kulturnation wie der kosovarischen.

Termin beim großen Bruder USA

Ich habe einen Termin bei US Aid, der als unerschöpflich angesehenen amerikanischen Hilfsquelle für Medien. Ein junger Mann hört mir freundlich zu. Ja, er habe durchaus Finanzmittel für Medienentwicklung. Aber nicht für Public Television. Das sei doch in ständiger Regierungsnähe und daher untauglich. Privates Fernsehen sei die alleinige und allein förderungswürdige Lösung. Wenigstens erfahre ich, wer schon alles Anträge bei ihm gestellt hat, angefangen mit Veton Surroi. Ob er sich nicht Kooperationsprojekte vorstellen könne, nützlich für beide Zweige eines dualen Rundfunk-Systems. In Ungarn wollten wir einmal den Streit zwischen

Öffentlichen und Privaten dadurch entschärfen, dass wir ein neues Funkhaus planten. Dreiflügelig. Auf der einen Seite die einen, auf der anderen Seite die anderen. In der Mitte die gemeinsamen Produktionsmittel, von jedem zu mieten und nach Bedarf zu belegen. Die Lage in Pristina bietet sich doch an für ein gemeinsames Studio für Synchronisation und Untertitelung, das dann gegen Gebühr auch von konkurrierenden Medien genutzt werden könne. In Sarajevo war das Untertitelungsstudio ein Sorgenkind. Da es hauseigen war, konnte die fixeste Redaktion es belegen und dort tagelang an Untertiteln basteln. Konnte Zeit in Anspruch nehmen, in der bei einem Outsourcing das Vielfache an Sendeminuten hätte bearbeitet werden können. Der Aid-Mann hört mich geduldig an. Sie verstünden es ja, die Amis, bloß kapieren wollen sie es nicht. Vielleicht später einmal, verabschiedet er mich.

Auch vielen Mitarbeitern in den internationalen Behörden ist Public Broadcasting suspekt. Sie wollen das bosnische Modell wiederholen: große Medienaufsichtsbehörden, international besetzte Beiräte, personalintensive Einrichtungen für Monitoring, die jedes geschriebene und gesendete Wort aufzeichnen und auf seine Friedenstauglichkeit abklopfen. Es heißt: Wer soll den Verein hier betreiben? Die UER? Das ist doch das marktbeherrschende Einkaufskartell, das immer freien Unternehmern wie Leo Kirch die Olympiarechte wegkauft? Oder anders: Die UER ist doch reich, wenn die sich hier engagieren will, soll sie es doch wie jeder Unternehmer mit eigenem Geld tun und auf eigenes Risiko.

Schulterschluss mit Genf

Die UER hat mich in Marsch gesetzt, ich habe die UER in Marsch gesetzt. Werden Resolutionsebene und Projektebene zusammenfinden? Ich bin der Mann vor Ort. Ich muss die Landschaft erkunden, den Landeplatz festlegen und vorbereiten, das Landekreuz auslegen. Aber was genau in dem Projekt-Hubschrauber drin ist, der dann landet, das muss am Abflugort Genf entschieden werden. Tony Naets, der Leiter der Nachrichtenabteilung, ist ein alter Haudegen. Der hat solche Dinger schon öfter gedreht. Wir sind beide alte Hasen, haben schon oft zusammengearbeitet, sind uns auch schon in den Haaren gelegen. Tonys Devise: Wenn ich es machen muss, dann mach ich 's, aber auf meine Weise. Soll mir bitte kein Verwaltungsheini und kein politischer Bedenkenträger dazwischenreden. Alles klar, Tony!

Kouchner/Everts sagen: Wenn wir euch schon zum Prestigeobjekt unseres Krisenmanagements machen, dafür Kopf und Kragen riskieren und außerdem noch das Geld beschaffen müssen, wollen wir bitte genauestens informiert werden, was ihr macht und unsere Meinung dazu sagen dürfen. Aber selbstverständlich doch. Wie das in der Praxis geht? Wie überall sonst auf der Welt: Um Rundfunkanstalten trotz scheinbar unüberbrückbarer Gegensätze arbeitsfähig zu erhalten, gibt es Intendanten.

Zu Everts Arbeitsstab gehört Mathias, der flotte wohlerzogene Sohn eines ehemaligen deutschen Botschafters. Der wird vom Auswärtigen Amt in diverse Krisenregionen der Welt als Mädchen für alles ausgeliehen, vermutlich bis ein Dauerposten für ihn gefunden wird. Als ich unserem OSZE-Partner Davidson erkläre, dass ich mich sehr schwer täte, mich mit einem Aufpasser im Sender anzufreunden, sagt er: „Nehmen wir doch einen, mit dem du kannst und der gleichzeitig ein brauchbarer Mitarbeiter sein wird." Meine Miene erhellt sich. Klar, wir berufen Mathias als Liason Officer, als Verbindungsoffizier. Für Everts ist er Aufseher, für mich Vermittler, Freund und Beschaffer, entsteißt dem OSZE-Pool auch gleich einen Dienstwagen, für das Team ist er ein Kollege und Mitarbeiter.

Unser Anfangskonzept war einfach: Wir nehmen einen der vielen analogen Ü-Wagen, die in Europa jetzt überall ersetzt werden und stellen ihn neben ein Haus, in dem ein brauchbarer Raum als Studio genutzt werden kann. Wenn es später Studios gibt, geht der Ü-Wagen auf Reisen, wie er eigentlich sollte, und produziert Zulieferungen. Am Anfang ersetzt er Zentralstudio und Senderegie und Schaltraum. So hat auch der BR in den Sechzigerjahren angefangen zu senden.

Stimmen aus der Vergangenheit – ändert sich nie etwas?

Ich bin doch nicht der erste

Jeder, der in diese verkorkste Welt fährt, muss sie im eigenen Kopf neu zusammensetzen, ihr einen Sinn geben. Egal, wer schon vor ihm alles gegen das Unverständnis gekämpft und sich dazu geäußert hat. Ich lese mich ein. Vor mir sind zum Beispiel acht kluge Männer über die Kriegsschauplätze und Schlachtfelder, über die Aufmarschgebiete und Massengrabfelder gefahren. Haben beobachtet, Zeugen vernommen, Berichte, Klagen und Vorschläge gesammelt, sich Gedanken gemacht, diese Gedanken zu eigenen Vorschlägen verdichtet, Urteile und Empfehlungen abgegeben. Und dabei Betroffenheit, Ratlosigkeit und Zorn nicht verhehlt.

Kann ich nichts von ihnen lernen, mir nicht manches ersparen, indem ich ihren Spuren folge? Die Sachverständigen haben alles aufgezeichnet, was sie vorgefunden haben. Die Spuren der Vernichtung und der Gewalt. Auf allen Seiten. Die sinnlosen Morde, die dazugehörigen sinnlosen Rechtfertigungen. Die trostlosen Flüchtlingszüge, die sich auf den Straßen in entgegengesetzten Richtungen bewegen und begegnen. Die Vergewaltigungen, die Brandschatzungen.

Zum Schluss fragen sie sich: „Wäre es nicht besser, wir würden schweigen und den Dingen ihren Lauf lassen? Aber wir haben geschwiegen, wir haben die Dinge einfach zu lange laufen lassen.

Nationale Eifersucht und Verbitterung, Gier nach territorialer Expansion und gegenseitiges Misstrauen haben einen der brutalsten Kriege der Jetztzeit heraufbeschworen.

Der Krieg ist nur der Auftakt zu anderen Kriegen oder vielmehr zu einem einzigen immerwährenden Krieg, dem schlimmsten, den es gibt: Krieg der Religion, der Rasse, der Rache. Krieg eines Volkes gegen das andere, jeder gegen jeden, Bruder gegen Bruder. Es hat sich ein Wettstreit entwickelt, wer seinen Nachbarn am besten entwurzeln und seiner nationalen Identität berauben kann.

Die wirklichen Schuldigen aber sind die, welche die öffentliche Meinung in die Irre führen, die die allgemeine Unwissenheit ausnützen, um aufrührerische Gerüchte zu verbreiten und erst ihr eigenes Land und dann andere Länder zu Feindseligkeiten aufzuhetzen.

Wenn es gelänge, die Köpfe der Menschen – und sei es nur für kurze Zeit – von ihren Leidenschaften, von Rassengegensätzen und von der Vergötzung der eigenen Nation abzubringen; wenn es zu einem Nachdenken darüber käme, welche nationalen und privaten Werte im Krieg vernichtet werden; wenn man endlich die Schrecken der modernen Kriegsführung wahrnehmen würde ...

Wenn das einträte, dann wäre ein erster Schritt getan, um das Prinzip des gerechten Ausgleichs statt der Gewalt in der Regelung internationaler Streitigkeiten durchzusetzen.

Wenn diese fruchtbaren Länder endlich mit dem übrigen Europa verbunden wären, dann würden sie sich durch den Aufschwung von Handel, Gewerbe und Industrie dem Frieden zuwenden.

Für diejenigen, die uns vorwerfen, wir seien für Frieden um jeden Preis, wiederholen wir unsere Grundsätze:

> Krieg ist besser als Sklaverei.
> Zwangsbefriedung ist besser als Krieg.
> Versöhnung ist besser als Zwangsbefriedung."

Dies sind Zitate aus dem „Bericht der Internationalen Kommission zur Untersuchung der Ursachen und Abläufe der Balkankriege". Sie bereiste im Auftrag der Carnegie-Stiftung die wichtigsten Balkanländer, einschließlich des Kosovo.

Die Reise fand statt im Sommer 1913 nach dem ersten der so genannten Balkankriege.

Der „Balkan" ist eine bequeme Schublade. Ein Denkexperiment. In einem Café, in dem Menschen aller angenommenen Balkanländer zusammensitzen, ertönt der Ruf: „Alle, die aus dem Balkan sind, bitte aufstehen." Da würden alle neugierig den Kopf in die Runde drehen, aber aufstehen würde niemand. Selbst Bulgaren nicht, die doch den Balkan als Gebirge und als Namen ihrer Fluglinie haben. Sie fühlen sich als Illyrer, Thraker, Europäer, Magyaren, Ruthenen und vieles andere, alle mit stolzer Eigengeschichte. Balkanese will keiner von ihnen sein, schon gar nicht der, den sie in den Vorurteilen des westlichen Betrachters lesen oder vermuten.

Der zweite Carnegie-Bericht von 1996 – enttäuschend

Erwartungsvoll nehme ich den Bericht der neuesten Carnegie/Aspen-Kommission zur Hand, die 1995 ausgeschickt wurde, um die aktuelle Krisensituation auf dem Balkan zu schildern und zu analysieren. In der Kommission von 1913 war Deutschland durch den Marburger Rechtsprofessor Walther Schücking vertreten. Jetzt wirkt „Zeit"-Herausgeber Theo Sommer an dem Bericht „Unfinished Peace" mit, der im Juli 1996 nach den Vorfällen in Srbrenica, nach dem Friedensvertrag von Dayton, aber vor der Kosovo-Intervention vorgelegt wurde. Unabhängig von seinen Schlussfolgerungen ist der Bericht zunächst ein brauchbares zusammenfassendes Geschichtsbuch über das Auseinanderbrechen von Jugoslawien, über Entstehung und Verlauf des damit verbundenen Blutvergießens.

Die Kommission nimmt Kenntnis vom Bericht der Vorgänger von 1913, den sie ausführlich zitiert, und stellt überrascht fest, wie viele Probleme sich durch zwei Weltkriege hindurch unverändert erhalten haben, ja, sich wieder zu beleben scheinen.

Zu den bekannten Problemen, wie die scheinbar unüberbrückbaren Differenzen zwischen Staaten, Ethnien, Nationalismen, Religionen und Kulturen sind neue gestoßen. Meinungsverschiedenheiten und Misstrauen zwischen europäischen Partnern, Unklarheiten über Absichten und Rolle der Vereinigten Staaten, mangelnde transatlantische Absprachen. Ausführlich und kritisch wird die Sonderrolle der Deutschen erörtert, die möglicherweise zu früh den Zerfall Jugoslawiens als unabwendbar und wünschenswert akzeptiert haben.

Von den vorgelegten 57 Empfehlungen, die sich mit Friedenssicherung, Demokratisierung, Europäisierung und der Herstellung einer Zivilgesellschaft befassen, ist die letzte diejenige, die den – umstrittenen – Tenor des Unternehmens zusammenfassen:

„Die Mitglieder der Nato müssen die Notwendigkeit erkennen, ihren politischen Willen, wenn nötig auch mit militärischer Gewalt unter Beweis zu stellen."

Dies sei vermutlich die wichtigste Lektion aus dem Bosnienkrieg.

Kosovo wird als neuer bevorstehender Krisenherd beschrieben. Es gebe dort ein doppeltes Minderheitenproblem: Im serbischen Reststaat seien die Albaner, im serbischen Herzland Kosovo aber die Serben in der Minorität.

„Der gegenwärtige Zustand dort kann weder, noch sollte er aufrechterhalten werden. "

Die Kosovo betreffenden Empfehlungen richten sich an beide Mehrheiten: Die Serben sollen den Kosovo-Albanern politische und kulturelle Autonomie einräumen. Die Albaner sollen von ihrer unverhandelbaren Forderung nach staatlicher Unabhängigkeit abrücken und die Rechte der serbischen Minderheit in der Provinz garantieren. Kommt dies nicht zustande, müsse ein internationales Schiedsgerichtsverfahren unter Beteiligung der OSZE ins Auge gefasst werden.

Die UN im Kreuzfeuer der Kritik

Der Bericht geht ungewöhnlich scharf – nach meiner Meinung ungerecht – mit der Rolle der UN im Bosnienkrieg ins Gericht.

„Kein internationaler Partner hat durch das Bosnien-Debakel mehr an Glaubwürdigkeit verloren als die UN. "

Es wird anerkannt, dass man den UN zu wenig Finanz- und Machtmittel zur Verfügung stelle. Daraus ergebe sich eine Tendenz zur Beschwichtigung. Man rede eher von humanitären Katastrophen statt von tatsächlichen militärischen Aggressionsakten.

Die Grundforderung des Berichts ist die der bewaffneten Intervention. Nicht auf die UN dürfe man bauen, sondern nur auf eine geeinte Nato mit amerikanischer Unterstützung.

Ein Bericht von Falken also, dem insgesamt von allen widersprochen werden muss, die sich für eine Stärkung der UN und ihrer Organe und für die Durchsetzung eines internationalen Gewaltmonopols im Schoß der UN einsetzen. Ich verstehe nicht, wie Theo Sommer das mittragen konnte.

Wer so weit gelesen hat, ahnt schon, was über Medien postuliert wird. Zwar werden „Free Media" immer wieder als Bestandteil der demokratischen Entwicklung erwähnt.

Empfehlung fünf fordert beispielsweise für Bosnien: „Die Existenz freier und unabhängiger Medien muss garantiert werden. "

Es wird dann ausführlich beschrieben, wie verkommen, unbrauchbar und kommunistisch verseucht die bestehenden Medien sind und wie die von den Interventionsmächten zu gründenden neuen Medien installiert und überwacht werden sollen.

Vom Wunsch aller sich regenerierenden Länder, eigene Medien in eigener demokratischer Verantwortung zu betreiben, geschweige denn von dem dabei unerlässlichen Anteil öffentlicher Strukturen, ist nicht die Rede. Enttäuschend.

Selbstverständlich darf und muss über die internationale Gemeinschaft und ihre Organe kritisch und investigativ berichtet werden. Trotzdem stelle ich immer wieder bei schreibenden Kollegen die Neigung fest, forscher und unerbittlicher an internationale Einrichtungen heranzugehen als an nationale.

Das Modell der Kritik am UN-System, an den – natürlich immer noch unzureichenden – Aktivitäten der Völkergemeinschaft funktioniert immer nach dem gleichen Muster: erst Mittel verweigern und kürzen, dann klagen, dass nicht genügend getan wird. Und nach B52-Bombern rufen.

Tiziano Terzani, der hochkarätige langjährige Asienkorrespondent des „Spiegels", gilt als leuchtendes Vorbild für Durchblick, Präzision, Sachlichkeit und analytische Schärfe.

Ein Kapitel in seinem Bestseller „Fliegen ohne Flügel" beschäftigt sich mit der UN-Friedensmission in Kambodscha nach dem Pariser Friedensabkommen von 1991. Dass es dabei unendlich viel zu kritisieren gab, ist unbestritten. Dann fasst er zusammen:

„Ich hatte den Eindruck, dass die ‚internationale Gemeinschaft' – dieser merkwürdige, undefinierbare Mischmasch von Menschen aller Hautfarben, Körpergrößen und Sprachen, die einzig und allein das Interesse verband, als Aufwandsentschädigung einen Tagessatz zu erhalten, der dem entsprach, was der durchschnittliche Kambodschaner in einem Jahr verdiente – entschlossen war, in Kambodscha zu bleiben, gleichgültig, um welchen Preis."

Waren die UN-Vertreter, fragt er, die glaubten, das Land umkrempeln zu können, nicht genau so „wahnwitzig" wie der Schlächter Pol Pot?

Aber sicher hat der Vielgereiste eine Alternative im Kopf und im Gepäck, wie man diesen Haufen von inkompetenten, faulen, bürokratischen und korrupten Friedensbringern auf Trab bringen oder ersetzen könnte?

„Wenn die internationale Völkergemeinschaft etwas für die Kambodschaner hätte tun wollen, hätte sie das Land eine Generation lang unter eine Glasglocke stecken, es vor seinen Feinden ... und raffgierigen Geschäftsleuten schützen müssen. Sie hätte ihnen vor allem helfen müssen, in Frieden zu leben, sich selbst neu zu entdecken ... Statt Experten für Verfassungsrecht, Wirtschaft und Kommunikation zu schicken, hätten die UN eine Abordnung von Psychoanalytikern und Psychologen schicken sollen." Abschließend zitiert er einen anderen Landeskenner: „Welchem Arzt ist es jemals eingefallen, die Demokratie als Heilmittel gegen die Krankheiten der Seele zu verschreiben?"

Ich teile Terzanis Leiden über die Auslöschung von Menschenleben, über die Zerstörung von Kulturen und Gesellschaften in sinnlosen Kriegen. Ich teile seinen Zorn über die herzzerreißend unzulänglichen Mittel, die für friedenserhaltende und regenerative Maßnahmen zur Verfügung stehen. Ich teile sein Ohnmachtsgefühl und seine Ratlosigkeit. Aber ich kann das nicht alles Kofi Annan und seinen UN in die Schuhe schieben. Haltet durch, erfolglose Weltverbesserer bei den Vereinten Nationen, auch wenn ihr den Ansprüchen kritischer und wohlmeinender Journalisten selten gerecht werden könnt.

Planen, überzeugen, entscheiden –
können wir doch, oder?

Hausmittel gegen kalte Füße

Kouchner hat sich entschieden. Richtig entschieden, wie wir heute wissen. Aber auch mit Risiko. Das Bargeld, das ich brauche, hat er nicht in der Tasche. Also sind wir jetzt ein Team. Ich helfe ihm, er muss mir helfen. Die Hilfe, die er von mir fast täglich einfordert, sind Argumente zur Zurückweisung von Projektgegnern und Bedenkenträgern, die sich in seinem Büro die Klinke in die Hand geben, ihm erläutern, nein, ihn anschreien, dass er eine falsche Entscheidung getroffen habe und sie umgehend rückgängig machen müsse. Rundfunk, ja, natürlich, aber mit dem richtigen Konzept und mit den richtigen Leuten. Ich kenne die Argumente zur Genüge, als ob ich dabei gewesen wäre:

„Wie will Ihr Wundersender senden, lieber Herr Kouchner? Über Satelliten? Das ist doch hirnverbrannt. Erstens ist der Satellit teuer. Zweitens täuschen die vielen Satellitenschüsseln an den Häusern. Die Serben haben doch überall die Verstärker ausgebaut. Drittens wird das flache Land nicht bedient. Für die, die noch keine Schüssel haben, ist die Anschaffung teuer und unzumutbar. Viertens dauert es doch nur Wochen, wenn Sie mich beauftragen, bis die terrestrischen Sendungen wieder aufgenommen werden können. Bis dahin genügt doch Hörfunk. Fünftens wollen wir keinen Public Service, was immer man sich darunter vorstellen kann. Sondern entweder einen ‚Volksrundfunk‘ in der Hand der ehemaligen Mitarbeiter oder einen ‚unabhängigen‘, also kommerziellen Rundfunk. Sechstens ist doch für Public Service nirgends Geld zu bekommen. Weder von Regierungen noch von spendenden Medienunternehmen. Wieder eine Fehlentscheidung inkompetenter UN-Mandatsträger!“

Täglich fragt Kouchner oder lässt durch seine Pressesprecherin Nadia Younis anfragen: „Stimmt das? Was soll ich sagen?“

Am gefährlichsten sind die mit Papprollen ausgerüsteten Alternativprojektler: Papprollen mit schönen Zeichnungen von Sendern und Funkhäusern, die sie angeblich in wenigen Wochen wiederherstellen können.

„Bei mir sitzt eine Firmengruppe, die behauptet, sie könne in sechs Wochen den Hauptsender Goles wieder aufbauen. Von dort aus sei das ganze Land dauerhaft und billigst zu versorgen."

Ich mache eine Check-Liste. Wer den Sender wieder aufbauen will, braucht zuerst eine befahrbare Straße auf den Berg. Muss die Trümmer des umgenieteten Mastes wegräumen. Muss Elektrizität auf den Berg bringen oder oben erzeugen. Muss die notwendigen Sendegebäude instandsetzen. Muss ein Fundament bauen für einen neuen Mast; mit Beton ausgießen. Das Betonfundament muss mindestens sechs Wochen austrocknen. Während der warmen Jahreszeit. Wenn das alles erledigt ist, kann man vielleicht in der Tat sechs Wochen nach Ankunft der Bauteile einen Mast bauen. Der Mast muss so hoch sein wie der alte, 120 Meter. 30 Meter kürzer würde er in der Tat viel weniger kosten. Aber ein Mast ist noch kein Sender. Auf den müssen Antennen gesetzt werden. Die Antennen richten sich nach den Frequenzen, die sie benützen. Sie müssen gebaut werden, da gibt 's Lieferzeiten. Niemand sollte davon ausgehen, dass er die Frequenzen „besitzt", über die er vor dem Krieg sendete. Ein Neuanfang setzt voraus, dass Frequenzen neu und gerecht verteilt werden. In Übereinstimmung mit allen nationalen Interessenten und unter Berücksichtigung internationaler Frequenzpläne. Die Sendeanlage soll so ausgelegt werden, dass alle von ihr Gebrauch machen können. Die Militärsender, die Lokalsender, die Kommerziellen, der öffentliche Rundfunk. Überall im Land stehen „Repeater", stillgelegte Kleinsender für Empfang und Weitergabe von Signalen. Von denen braucht man eine Bestandsaufnahme. Welche sind intakt, welche sind reparierbar, welche sind überflüssig? Die müssen dann Schritt um Schritt erneuert werden. Mit dem gleichen Planungs- und Arbeitsaufwand wie der Zentralsender.

„Bernard, ich gebe Ihnen mein Wort, nicht vor einem Jahr kann ein terrestrischer Anbieter auf Sendung gehen. Wer etwas anderes sagt, baut auf Sand oder lügt, will Sie auf den Arm nehmen und uns ausbremsen", ist meine Antwort.

Wird Kouchner mir glauben?

Er glaubt mir, schickt die Konkurrenz weg. Setzt sich weiterhin dem Sperrfeuer unserer Konkurrenten aus.

Langsam verliere ich die Geduld, wenn ich wieder einmal das Senderproblem auseinander setzen soll.

„Wetten, dass vor Ablauf von zwölf Monaten nach unserem Sendebeginn kein terrestrisches Signal verfügbar sein wird?"

„Was wetten Sie?"

„Sagen wir, eine Flasche Whisky!"

So kommt es, dass im Kosovo noch heute ein halbes Dutzend Flaschen Whisky auf mich wartet, denn erst Ende 2001 nehmen die ersten bescheidenen, von den Amerikanern geförderten terrestrischen Anlagen provisorisch und schrittweise ihre Arbeit auf.

Der Wundercontainer

In Genf werden die Container zusammengestellt: Personal, Gerät. Eine Umfrage unter den Rundfunkanstalten Europas hat ergeben, dass kein UER-Mitglied einen unseren Anforderungen entsprechenden gebrauchten Ü-Wagen abgeben, vermieten oder verkaufen kann. Lange Angebotslisten von anderen Geräten verschiedenster Bauart und Verwendung quellen aus dem Fax-Gerät. Da hätten wir wieder den Fleckerlteppich von unterschiedlichsten und inkompatiblen Geräten, den wir eigentlich abschaffen wollen. Die technische Beratungs- und Verkaufstochter der UER schickt einen Vertreter vor Ort. Ja, sie hätten einen großen Ü-Wagen, den könnte man kaufen. Aber der ist zu groß. Würde von den vorgesehenen Betriebsmitteln zu viel absaugen. Wir hätten dann einen Ü-Wagen, aber nichts sonst und kein Geld für die Besatzung. Als ich das dem hilfsbereiten Kollegen von der BBC klar mache, habe ich uns einen neuen Kritiker geschaffen: Rundfunk, ja natürlich, aber doch nur unter dem hundertfach bewährten Krisen- und Ausrüstungsmanagement der BBC! Wir entschließen uns zu einer Radikallösung. Der einzigen, die angesichts des Zeitdrucks und beschränkter Geldmittel den Betrieb garantieren kann. Ein englischer Betreiber wird uns ein Mini-Studio schicken, alles aus einer Hand, alles aus einem Guss. Mit Satelliten-Antennen, mit Stromgenerator, mit den notwendigen Computern, mit einem Dutzend englischer Techniker, die einige Tage bleiben werden zum Anlernen der lokalen Kräfte.

Der Plan für die ersten Monate, den ich Kouchner vorgelegt habe und dem er zugestimmt hat, sieht insgesamt 56 Mitarbeiter vor: 14 „internationale", also auswärtige Experten, die baldmöglichst ersetzt werden sollen, und 42 Ortskräfte

Kaum wird meine Entscheidung bekannt, müssen sich Kouchner und ich wieder dem Männleinlaufen stellen. Warum so viele Internationale? So wird es niemals ein kosovarischer Rundfunk, sondern ein von unbedarften

Ausländern gesteuerter und hingestümperter („Ihr habt doch alle keine Ahnung!"), von den Zuschauern nicht akzeptierter Fremdsender sein. Warum wird das Geld, das doch eigentlich dem Volk von Kosovo gehört, ausländischen Firmen in den Rachen geworfen? Wie sollen wir Geld spenden oder Finanzmittel locker machen, wenn davon Gerät nur geleast wird und nicht sicher ist, dass es im Lande bleibt? Wieso nur 42 Lokalkräfte, wo wir doch Hunderten ihren Job zurückgeben müssen? Sollten nicht erst einmal ausgewählte Juristen prüfen, ob diese Form der Projekterfüllung vom Vertrag überhaupt gedeckt ist oder ob nicht ein neuer oder zusätzlicher Vertrag ausgehandelt werden muss

Ich bin Tag und Nacht mit dem Feuerlöscher unterwegs. Die leitenden Figuren von UN und OSZE stehen hinter dem Projekt. Botschafter Everts meint, er könne den Norwegern, erprobte Verteidiger von Public Broadcasting wie die meisten skandinavischen Länder, die erste Rate für die Vertragserfüllung entlocken. In der Zwischenzeit müsse die UER das von ihr getragene Projekt vorfinanzieren. Vertrauen gegen Vertrauen. Wir machen das. Norwegen verdient sich in der Tat die Lorbeeren, den Start des ersten Public Service auf dem Balkan ermöglicht zu haben. Die Niederlande, Schweden, die Schweiz und andere werden folgen; auch die EU und andere internationale Organisationen. Auch Deutschland? Na, dass die Deutschen sich nur global und multilateral und damit unsichtbar engagieren, weiß man doch inzwischen.

Die Pilotenkanzel füllt sich

Die UER hat in Hongkong Patrick ausfindig gemacht, er wird unser Projektmanager. Ein 206-cm-Mann aus der Gilde der Krisen-Cowboys. Engländer, aber jahrelang in Asien tätig. Chinesisch und Japanisch fließend in Wort und Schrift. Mit einer Chinesin als Ehefrau. Schnell, einfallsreich und nicht aus der Ruhe zu bringen.

Mit ihm kommt Christabel, die Programm machen soll. Ex-BBC mit Macken. Sie hat offenbar gerade einen Kurs absolviert: Wie man sich von Vorgesetzten, Kollegen und Mitarbeitern, insbesondere von Männern, niemals und unter keinen Umständen etwas sagen lassen darf. Sie ist ohne Zweifel kompetent, aber sie kennt nur Output. Input lässt sie nicht zu. Sie hat keine Zeit, sich erklären zu lassen, in welchem Projekt sie tätig sein wird. Sie soll hier Programm machen, und das wird sie wie folgt machen, und dafür muss ihr die UER, muss ihr der Intendant umgehend Folgendes bereitstellen. Eine Margret Thatcher des internationalen Medienzirkus. Wir sind unter Druck, ich kann sie nicht zurückschicken, was ich am liebsten täte. Es wird Wochen dauern, bis sie das Handtuch wirft. In der Zwischenzeit macht sie mir und den Kollegen das Leben schwer, füllt aber die ihr zugeteilten Programmstunden.

Chris ist ein englischer Producer, wir kennen das nicht in Deutschland: Redakteur, Regisseur, Interviewer, Sprecher, Alleskönner. Immer gelassen. Unbeirrt macht er mit jungen kosovarischen Nachwuchskräften die ersten Filmberichte. Die zweite Producerin Leslie scheint direkt einem Roman von Le Carré entsprungen. Früher beim Fernsehen, betreibt sie jetzt eine Gärtnerei. Weil im Herbst und Winter weniger zu tun ist, hat sie die Treibhäuser abgesperrt, um sich im Kosovo ein paar Schillinge dazuzuverdienen.

Zwei Kameramänner, Jan aus Amsterdam, Michael aus Frankfurt, die auch schneiden und vertonen. Ein „Geht nicht gibt 's nicht"-Team.

Der erste Kreidestrich

Die Mutter schenkt ihrem Sohn zwei Krawatten zu Weihnachten. Eine blaue und eine rote. Zum Weihnachtskaffeekränzchen zieht er die rote an. Darauf die Mutter pikiert: „Die blaue gefällt dir wohl nicht?"

Nach dem Muster dieses Witzes funktioniert Kritik, jede Kritik. An Politikern, unter Politikern, in Medien. Es gibt zwei oder mehr Möglichkeiten. A und B. Irgendwann fällt eine Entscheidung für B. Demokratisch. Autokratisch. Durch Korruption. Durch Beziehungen. Wie auch immer. Von dieser Sekunde an steht die Frage im Mittelpunkt: Warum B und nicht A?

Ich beschließe, dass wir zunächst den Anbau im Hörfunkgebäude als Fernsehzentrum einrichten. Ein ehemaliger – und hoffentlich zukünftiger – großer Sendesaal, von dem nur die Mauern stehen. Darum herum gruppieren sich leere fensterlose Zimmer. Und einige versperrte Türen. „Was ist denn da drin?", frage ich. „Lagerräume", ist die Antwort, „noch nicht entmint."

Also gut. Hier richten wir das Studio ein. Daneben die Senderegie. Mit blauer Ölkreide zeichne ich ein imaginäres Fenster auf die Betonwand zwischen zwei Rohbauräumen. Wer bricht uns das Fenster auf, mauert ein paar Zwischenwände, passt Türen ein? Die KFOR? Die haben Hilfe von Pionieren versprochen, in Prizren ist Aufbauhilfe durch deutsche Pioniere Alltag, aber bei den strengen Engländern? Bisher haben sie uns noch nicht viel unter die Arme gegriffen.

Als er mich mit der Kreide hantieren sieht, zupft mich Ali am Arm.

„Chef, können Sie mal kurz kommen!"

„Jetzt nicht, erst muss ich die Vorgaben für den Bautrupp einzeichnen."

„Nur ganz kurz. Ganz wichtig."

Er zieht mich in einen dunklen Gang vor einen der unerschlossenen Lagerräume.

„Ich hab da zufällig einen Schlüssel gefunden ..."

Er öffnet die Tür. Ich stehe in einem dunklen Raum, muffig, ramponiert, aber voller Gerät. Der Schein der Taschenlampe erlaubt keinen Zweifel: ein Zwei-Kamera-Studio, das bis vor kurzem noch aktiv war.

Ein neues Schlüsselwunder. Ich erspare mir Vorwürfe. Ali wird ohnehin Probleme bekommen bei seinen Freunden, dass er mir ohne Gegenleistung diesen Raum gezeigt hat.

Offensichtlich haben die Serben aus Angst vor Luftschlägen ihr Fernsehen in der Endphase in diesen Rohbau verlegt und auch von hier gesendet.

Dauernd habe ich mich geärgert über einen sperrigen Sendespiegel, der auf einem Gang vor einem zerschlagenen Fenster steht. Jetzt deutet Ali auf ein Haus auf der gegenüberliegenden Straßenseite. Da erkenne ich auf einem Dachvorsprung ein leeres Holzgestell. Klar, da war ein zweiter Spiegel positioniert, von dem ging das Signal auf ein Hochhaus, von dort auf den Hauptsender Goles. Nicht einfallslos, die vertriebenen Serben.

Ölkreide und Pioniere überflüssig. Wir werden dieses Behelfsstudio wieder rehabilitieren.

Unerlaubte Minensuche

Ständige Rückfrage an das britische Militär: „Warum kommt das angeforderte Minenräumkommando nicht?"

„Keine Zeit, anderes ist wichtiger. Wir brauchen Gerät, das aber erst in ein paar Tagen erwartet wird. Wir waren da, haben aber niemand angetroffen und keinen Schlüssel gefunden." Hinhaltetaktik: „Die sollen doch sehen, wie sie innerhalb eines Monats senden wollen. Warum machen sie so unvernünftige Versprechungen?"

Wir müssen entminen, das ist Vorschrift. Patrick führt einige Telefonate mit London.

24 Stunden später ist der zu entminende Studiobereich offen. Am Boden liegt ein Mann wie aus einem Bodybuilding-Studio. Im verschwitzten T-Shirt, kugelsichere Weste darüber, mit einer Taschenlampe am stählernen Mountain-Biker-Helm, in der Hand einen Stab mit einem Zahnarztspiegel. Während er vorsichtig ein paar Quadratzentimeter Teppich abhebt, fährt er mit dem Spiegel darunter.

„Ich hab hier ein rotes Kabel. Kommt offenbar von diesem Verstärker. Kommt das bei dir raus?"

Stimme aus dem Dunkel: „Ich hab das rote, geht in einen Schacht. Ich mess mal. Kein Strom drauf. Vorsichtig ziehen. Kein Widerstand. Alles o.k. Jetzt das gelbe."

Zentimeter um Zentimeter tasten sich zwei freiberufliche ehemalige britische Armeespezialisten für Bombenentschärfung mit Nordirlanderfahrung an Boden, Wänden und Decken entlang.

Nach einem Tag Arbeit geben sie Entwarnung: „Geprüfte Räume fremdeinwirkungsfrei."

Ich melde das der säumigen britischen Besatzungsmacht:

„Wir benützen ab heute alle Räume."

„Das dürfen Sie nicht. Ist gegen die Vorschrift. Die sind nicht amtlich entmint."

„Wir konnten nicht länger warten. Wir haben selbst entmint."

„Unerhört. Sie machen sich strafbar. Wer soll das entmint haben.

„Ehemalige Kollegen von Ihnen von der SAS (der militärischen Abwehr)."

„Wo kommen die her? Namen, Adressen!"

„Haben wir einfliegen lassen. Wir müssen senden. Uns fehlt jeder Tag."

„Ich werde das melden. Sie hören von mir."

„Du darfst jetzt auch im alten Studio arbeiten", eröffne ich Ali.

„Oh, darf ich? Ich arbeite hier drin schon seit zwei Wochen. Es war gut, dass die Nato ein Ultimatum für den Abzug der Serben gestellt hat. Einige Stunden länger, dann hätten die hier auch alles gesprengt und vermint."

Patricks Werkzeugkoffer

Patrick, der Projektmanager, hat eine schwarze Ledertasche mitgebracht, eine Art Werkzeugkoffer, die er nie aus der Hand gibt, mit in die Bar, ins Bett und aufs Klo nimmt. Das erste Bargeld. Nachdem KFOR die in Aussicht gestellten Pioniere nicht schickt, geht das erste Geld an vier arbeitslose Bauarbeiter. Die räumen Schutt und Glassplitter aus dem Vorgarten des Studiobaus. Schneiden den Rasen. Das zieht die Blicke des ganzen Viertels auf sich. Passiert etwas? Geht etwas voran? Zahlreiche Neugierige. Innerhalb von drei Tagen zieht ein Hauch von friedlichem Aufbruch um und durch das Gebäude.

Das nächste Problem ist ein Platz für die Satellitenschüssel. Über die wollen wir von Anfang an den Anschluss an den Nachrichtenaustausch der Eurovision. Der ist, allem PR-Gerede von CNN und BBC zum Trotz, nach wie vor die größte, schnellste und umfassendste Informationsbörse der Welt. Jeder Sender bietet das an, was er hat und nimmt das, was er braucht. Eine genossenschaftliche Kooperative.

Ohne Kaufzwang, ohne Sendezwang. Auch den Agenturen geöffnet. News werden die erste Priorität des Senders sein.

Auf das Dach kann die Schüssel nicht, es hält das Gewicht nicht aus. Also hier in die Ecke? Schon am nächsten Tag ist eine Delegation der Ex-Mitarbeiter da. Hier erlauben wir keine Satellitenschüssel. Die behindert Zufahrten zu unseren früheren und zukünftigen Garagen.

Mehrstündige Verhandlungen bis Mitternacht. Wir wollen überzeugen, nicht anordnen; trotzdem werde ich ungeduldig.

„Zehn Jahre durftet ihr Funkhäuser und Garagen überhaupt nicht betreten. Jetzt wo einer den Laden wieder aufmachen will, legt ihr ihm Steine in den Weg. Können wir nicht verstehen und auch nicht drauf eingehen. Aber ich würde gern über die 42 lokalen Mitarbeiter mit Ihnen reden, die wir brauchen."

„Geben Sie mir eine Liste, wen Sie brauchen. Unser Ehemaligen-Ausschuss wird dann geeignete Mitarbeiter auswählen und delegieren. Und über deren Gehalt und Arbeitsbedingungen entscheiden. Sie wissen ja: alle oder keiner. Ohne unsere Zustimmung werden Sie hier keine Minute senden. Sie werden sehen."

Widersacher, aber keine Feinde

Fast jeden Tag, wenn ich in das Studio komme, sitzt ein freundlicher, schmächtiger, graumelierter Herr auf dem Gang auf einem alten Stuhl. Sieht eher aus wie ein Diakon, allenfalls wie ein Dirigent. Er steht auf, lächelt mir zu, begrüßt mich. Er hat kein Buch dabei, keine Zeitung, nur ein altes Schulheft, in das er sich Notizen macht. Das ist Petar, der Hauptsprecher der ehemaligen Angestellten. Eigentlich hat er keinen Ausweis und hat im Gebäude nichts verloren, aber er will mir wohl zeigen, dass ihn keine Sicherheitskontrolle aufhält und an ihm kein Weg vorbeiführt. Ich kann mich auf fränkisch mit ihm unterhalten, weil er während seines Exils in der Nähe von Nürnberg auf dem Bau gearbeitet hat. Langsam lernen wir uns besser kennen.

Petar ist einer der 1989 abservierten albanischen Journalisten. Weil er in Artikeln die Autonomie des Kosovo verteidigte, wurde er wegen Hochverrats zu fünf Jahren Gefängnis verurteilt. Wegen Widersetzlichkeit und Fluchtversuch wurde die Strafe um zwei Jahre verlängert. Davon fünf Jahre Einzelhaft. Nach der Entlassung einige Jahre in Deutschland auf dem Bau und als „Spenden"-Eintreiber. Im Aufstands- und Kriegsjahr ging er zurück, betrieb für die UCK in den Bergen einen Untergrundsender. Später erzählt er mir davon, was das für ein Himmelfahrtskommando war. Er brauchte Strom, also ein lärmendes Aggregat und benutzte Frequenzen, die man orten konnte. Ständig musste er seinen Sender auf- und abbauen, die Frequenzen ändern, um von den Serben nicht entdeckt zu werden. Er ist Christ, praktizierend muss man neuerdings hinzusetzen, um jemand von Nominalchristen zu unterscheiden. Und der droht uns fortwährend mit Boykott und Gewalt?

Ich weihe ihn in alles ein, was ich weiß und was ich mache.

„Was wir jetzt machen, ist ein Notstandsprogramm. Plan A. Nur wenn Plan A gelingt, habt Ihr, haben wir eine Chance auf Plan B, einen dauerhaften soliden kosovarischen Rundfunk. Der soll öffentlich-rechtlich sein. Was das heißt?

Er gehört dem Volk, wird vom Volk – über die Rundfunkgebühr – finanziert und vom Volk – über gewählte Räte – kontrolliert. Volkseigener Rundfunk." „Wie in Bayern" mag ich nicht hinzufügen. Aber so ähnlich.

„Wir werden klein anfangen, mit wenigen internationalen Mitarbeitern und sofort örtliches Personal einstellen. 40 Mitarbeiter brauche ich sofort. Warum verhindert ihr, dass die eingestellt werden?"

Auch seine Argumentenkette entbehrt nicht der Plausibilität.

„1989 haben die Serben den örtlichen Sender ethnisch gesäubert und alle Kosovaren entlassen. Fast 1000. Für die sprechen wir, die waren Opfer, die müssen wieder eingestellt oder versorgt werden. Solange das nicht erfolgt ist, werden wir euch boykottieren. Entweder kommen alle zurück zur Arbeit – oder keiner. Im Übrigen gehört das Rundfunkgebäude – als früherer volkseigener Betrieb – uns, den Mitarbeitern. Und wir erlauben nicht, dass du hier Fernsehen ansiedelst. Das widerspricht unseren eigenen Zukunfts- und Wiederaufbauplänen. Wir verlangen, dass ihr das Geld, das ihr für den Wiederaufbau von der internationalen Gemeinschaft kassiert, rausrückt, dass ihr nach Hause geschickt werdet und wir unseren eigenen Sender betreiben, wie wir wollen. Wir legen fest, wer hier arbeitet und wer nicht. Serben oder Serbisch wird es bei uns natürlich nicht geben. Das ist auch mit unserer Regierung so besprochen. Wir haben gelitten, und wir wollen jetzt entschädigt werden. Du hast einfach keine Ahnung!"

Meine Gegenrede ist ihm nicht neu. Ich habe seinerzeit an der Seite von Günter Gaus gegen den Abwicklungsbeauftragten des DDR-Rundfunks, meinen Freund Rudolf Mühlfenzl, und seine Plattmache aller DDR-Strukturen, auch des darin keimenden Reformpotenzials, argumentiert. Mich später überzeugen lassen, dass ein vollständiger Neuanfang in einem Land, das es sich leisten kann, eine vertretbare Erneuerungschance enthält. Inzwischen habe ich mich vielerorts überzeugt: Wo in den östlichen Wendeländern Altlasten nicht beseitigt und auf den Staat überschrieben werden, gibt es keinen wirklichen Neubeginn. Ich kenne genügend reformunfähige Funkhäuser, in denen ausländische Besserwisser, scheingewandelte alte Kader, neodemokratische Fundamentalisten, unbedarfte Kapitalismuslehrlinge, korrupte Wendegewinnler, Anpasser, Scharlatane, Großmäuler, Versorgungsfälle und manchmal kaum getarnte Saboteure ein undurchschaubares und unbeherrschbares Chaos mit dem dazugehörigen, unvermeidlich desaströs schlechten Programmoutput erzeugen.

In Budapest meinten es die Reformer einmal besonders gut. Beriefen einen allseits beliebten Musikredakteur an die Spitze des Hauses. Der sollte einen sanften Übergang managen. Ich traf ihn kurz nach seiner Antrittsrede. Er hatte unter großem Beifall versichert, dass es unter seiner Führung keine Entlassungen geben werde.

„Damit sind Sie", sagte ich ihm, „sowohl als Retter wie als Reformer schon in der ersten Minute gescheitert. Sie können nach Hause gehen!"

Reformen, Systemwechsel sind keine Kaffeekränzchen oder Wohltätigkeitsbasare.

Das endlose Argumentenkarussell

„UN und Nato und EBU sind nicht freiwillig hier. Ihr habt sie gerufen, weil eure Provinz sonst völlig zerstört und gesäubert worden wäre. Habt ihr das schon vergessen? Also ist jetzt – bis zu freien Wahlen – der UN-Beauftragte Kouchner eure Regierung. Niemand sonst. Auch nicht die so genannte Parallelregierung, deren Minister mit Blaulicht und Sirene durch die Straßen fegen. So wird es bleiben bis zu den ersten freien Wahlen. Alle Amtsgebäude sind bis zur Wiederherstellung einer geordneten Verwaltung in der Hand dieser Regierung. Kouchner hat mit der EBU einen Vertrag geschlossen: Die EBU hat innerhalb von 21 Tagen Fernsehen in Betrieb zu nehmen und die Studios zugewiesen bekommen. Der neue Sender wird ein öffentlicher sein – also einer, der schnellstmöglich in die Hand des Volkes übergeht, nämlich in die der gebührenzahlenden Bürger.

Ich setze mich nachdrücklich dafür ein, dass die Regierung eine Abwicklungsstelle für den alten Rundfunk einrichtet und die Ansprüche ehemaliger Mitarbeiter geprüft und honoriert werden. Ich bin aber hier, um zu senden und nicht, um ehemalige Mitarbeiter zu betreuen. Das neue Fernsehen wird demokratisch sein, das heißt pluralistisch, multikulturell und wird auf die Sprachen von Minderheiten nicht verzichten. Im Übrigen heißt der Sender nach der Sprachregelung des UN-Sicherheitsrates weiterhin Radio Television Kosovo, auch wenn ihr zehnmal nachts meine Türschilder abmontiert oder mit ‚Kosova' überpinselt."

Ende des Argumentenkarussells, das sich fast täglich in neuen Varianten im Kreise dreht.

Ein Sender, der nicht von außen regiert werden soll

Petar versteht, was ich will. Ich verstehe, was er will. Er glaubt mir, dass ich seinem Land und seinen Kollegen keinen Schaden zufügen will. Ich glaube ihm, dass er sich in einer nationalen Pflicht wähnt.

„Aber wir müssen protestieren, das verstehst du doch!"

Also unterrichten wir einander. Vorsichtig, aber offen. Per Telefon früh am Morgen oder spät in der Nacht. Zusammen sehen lassen sollten wir uns lieber nicht allzu viel.

Unter vier Augen kommen wir gut zurecht.

„Wenn du mein Notprogramm behinderst, wird es nie zu einem dauerhaft überlebensfähigen öffentlichen Sender kommen. Erst A, dann B. Den alten Sender gibt es nicht mehr und wird es nicht mehr geben. Kannst du das nicht als Chance sehen? Wenn du mich boykottierst, hilfst du nur den Privaten. Die werden ohnehin, wie in Bosnien, bald euer Land überschwemmen. Mit moderner Technik, auf Kostendämpfung getrimmtem Management, ausländischen Programmen. Und ausländische Unterstützung bekommen. Und kaum einen von den alten Mitarbeitern einstellen.

Ich kann doch nicht jeden früheren Mitarbeiter unbesehen nehmen, den du mir andrehen willst. Das ist wie im Sport. Da war einer früher ein guter Verteidiger. Jetzt hat er zehn Jahre weder gespielt noch trainiert, ist auch älter geworden. Der kann jetzt nicht einfach auf den Platz kommen und sagen: ‚Trainer, stell mich auf!' Wenn überhaupt, dann muss er umlernen und zwar eine Menge. Das glaubst du nicht? Schau dir doch mal diesen Computer-Auszug an. Darin steckt der Sendeablauf eines modernen Senders, darin stecken die Arbeitsanweisungen an einen unserer MSTOs. Was das ist? Das sind Multi-Skilled Technical Operators. Solche, die nicht mehr lebenslang beim Ton sind oder beim Bild. Die jederzeit von einem Team, von einem Arbeitsfeld in ein anderes wechseln können. Neumodischer überflüssiger Quatsch? Ach Petar, du hast ja keine Ahnung!"

Die Rechnung auf der Serviette

Ich sage zu Petar: „Rechne doch mal selber aus, was sich ein zukünftiger selbsterhaltender Rundfunk leisten kann. Wie viel Einwohner hat Kosovo? Ihr sagt immer, fast drei Millionen, aber das stimmt ja nicht. Selbst wenn alle Flüchtlinge zurückgekommen sind, vielleicht zwei Millionen.

Wie viele Personen pro Haushalt, also pro Fernsehgerät? Zwischen sechs und zehn? Sagen wir acht. Macht wie viele potenzielle gebührenpflichtige Haushalte? Bei euch hat 's doch früher eine Fernsehgebühr gegeben, daran kann man anknüpfen. Sagen wir 250 000 Haushalte. Wie viele davon haben kein Einkommen, können nicht zahlen? Ein Viertel, bleiben 180 000. Die Fernsehgebühr könntet ihr zusammen mit der Stromrechnung einziehen. Darum sollten sich eure neuen Aufsichtsbehörden kümmern und nicht um neue Zensurregeln. Welche Gebühr im Monat ist zumutbar? Nein, nicht wünschbar oder angemessen, zumutbar! Für die Müllentsorgung in Pristina soll jeder Haushalt in Zukunft fünf Mark pro Monat zahlen. So viel muss auch Rundfunk den Menschen wert sein. Also fünf Mark, vielleicht vier am Anfang. Später sechs, meinetwegen. Bei fünf Mark sind das 10,8 Millionen im Jahr. Sagen wir zehn, da rechnet sich 's leichter, und wir sind auf der sicheren Seite.

Werbung? Ich weiß, die kommerziellen Lizenzbewerber faseln von zweistelligen Millioneneinnahmen. Ich kenne die Region. Mit einer Million pro Jahr für den Anfang seid ihr gut bedient. Elf Millionen Jahresetat. Nicht mehr. Alles, was darüber hinausgeht, sind Subventionen, nationale oder internationale. Kann man damit Rundfunk betreiben? Man kann. 2,5 Millionen für Hörfunk, der ist für euer Land noch auf Jahre hinaus wichtig, fast wichtiger als Fernsehen. Der Rest für Fernsehen."

Wie viele Mitarbeiter braucht ein moderner Rundfunk?

„Gut, reden wir von Mitarbeitern. Wie viele Mitarbeiter braucht dieser Sender und wie viele kann er sich leisten? So musst du fragen, nicht: Wie viele stehen vor der Tür, und wie viele haben ein Recht, und wie viele kennen einen einflussreichen Politiker? Wie viel Prozent Personalausgaben darf ein Sender haben? 40 Prozent, nicht mehr. Sonst wird er unbeweglich, muss am Programm sparen und verliert den Rückhalt bei den Bürgern. Also maximal 4,4 Millionen Personalkosten, Pensionen eingeschlossen. Die internationale Gemeinschaft hat eure Gehaltsstruktur verdorben. Eine Putzfrau 1000, ein Fahrer 1500, ein Dolmetscher 1800 Mark im Monat, aber ein heimischer Chefarzt 500, ein Lehrer 400 Mark – wie soll das auf die Dauer gehen? Kein Wunder, dass es keinen Englischunterricht mehr an euren Schulen gibt, wenn jeder Lehrer als Dolmetscher das Vielfache verdienen kann. Jetzt will Kouchner die Gehälter reduzieren. 500 im Monat zahlt er den neuen Richtern. Geht zu weit in die andere Richtung. Aber das sind unsere Orientierungsmarken. Du darfst nicht mehr zahlen, als du auch erwirtschaften kannst.

Sagen wir 1000 Mark als Durchschnittsgehalt im Rundfunk, 15 000 im Jahr mit Nebenkosten. Also, wie viele Mitarbeiter? Richtig, knapp 300. Kann man mit 300 Personen Rundfunk betreiben? Man kann. Natürlich werde ich dir und Kouchner das statt auf einer rotweingetränkten Serviette in Kürze in einem teuren 300-Seiten-Expertenbericht vorrechnen."

Petar findet das alles undenkbar, weltfremd, weil fern seiner Welt und bedrohlich: Das wollen wir alles nicht. Wie viele seiner Kollegen denkt er in Posten, Positionen, Planstellen, Abhängigkeiten, Kästchen, Hierarchien, nicht in Arbeitsplätzen. Arbeitsplätze, an denen gearbeitet wird. Die verkäufliche Produkte herstellen.

Später wird der Sender Petar die Planung und Redaktion eines Sendeabends antragen. Nach zwei Wochen wird er entnervt das Handtuch werfen. Er brauche ein Sekretariat, Assistenten, Dolmetscher, Redakteure, eine feste Studiobuchung, eine klare Finanzzusage. Er ist geeignet, qualifiziert für die Position eines Direktors, eines Leiters, eines Vorgesetzten, eines Sitzungsabhalters. Im Team eine Sendung produzieren kann er nicht und will es auch nicht lernen. Ich höre, er sei inzwischen wieder in Deutschland gelandet.

Ich mochte ihn gern. Er hat mir geholfen zu verstehen, was man im Land fühlt. Ich gehöre zu einer vorübergehend abgemeldeten Managergeneration. Bei uns hieß es wie in der Jugendhilfe: sich in den anderen hineindenken. Verstehen, wie er ist und warum er so ist. Moderne Globalisten und Merger-Profis setzen dagegen: sich niemals von der eigenen Absicht abbringen lassen. Durchsetzen. Verständnis ist Schwäche.

Meinen letzten Abend in Pristina habe ich mit Petar verbracht. Ich bereue meinen Versuch nicht, ihn verstehen zu wollen. Für mich war er ein Mensch mit einer begründeten anderen Meinung, kein Feind.

Bin ich für den Krieg oder dagegen? Beides!

Meinen Kindern erläutere ich, dass ich, Jahrgang 32, im letzten Kriegsjahr die letzte Männergeneration an der Heimatfront war. Neben den ganz Alten, also denen über 65. Die in den Klassen darüber waren bereits Flakhelfer, hoben im Osten oder Westen Panzergräben aus oder übten für den Volkssturm an der Panzerfaust. Über meine Kindheit im Krieg habe ich für das Jahrbuch meiner alten Schule, das Hans-Sachs-Gymnasium in Nürnberg, etwas geschrieben. Mein Krieg war wie für viele meist langweilig. Sterbenslangweilig. Krieg verloren, Freiheit gewonnen. Jahrzehntelang erklärte ich Amerikanern und Engländern, dass es zwei Sorten von Deutschen gebe: besiegte und befreite. Ich sei ein befreiter. Dafür hat man mich und die folgenden Altersgruppen zu Weißen Jahrgängen erklärt. Eine seltsame Farbgebung für die, denen man glaubte, nach dem, was heute Traumatisierung durch Krieg genannt wird, den Wehrdienst ersparen zu sollen. Wie Helmut Kohl, wie dem früheren Verteidigungsminister Apel.

Ich musste nicht wie mein Sohn nach Berlin ausweichen, um dem Wehrdienst oder dem Zivi-Lehrjahr zu entgehen. In einer Phase, in der jedes einzelne Lebensjahr zu zählen scheint, schien das zunächst ein Gewinn. Später hatte ich zunehmend das Gefühl, etwas versäumt zu haben. Es gab etwas, wobei ich nicht mitreden konnte. Es fehlte ein Stück allgemeiner Sozialisierung, es fehlte der Gesprächsstoff. Deswegen gab 's Freunde, die spotteten: „Der Dill? Der holt im Kosovo seinen Militärdienst nach." In der Tat, ich kam mit den militärischen Counterparts, mit denen ich zu tun hatte, meist gut zurecht.

„Nie wieder Krieg, nie wieder Faschismus", klang es nach dem Krieg einleuchtend und unwiderlegbar. Obwohl ich meine Freiheit Menschen verdanke, die gegen den Faschismus in den Krieg gezogen waren. Schon in Afrika, später auf dem Balkan musste ich mich der Afghanistan- und der Irak-Frage stellen: Kann man wehrlos die Freiheit erhalten? Oder gibt 's einen Punkt, an dem man der freiheitszerstörenden Gewalt auch mit Gewalt entgegentreten muss. Deswegen verfolge ich mit großer Betroffenheit die öffentlich abgefilmte und in jedem winzigen Detail auch ausgestrahlte Entwicklung des ehemaligen Straßen- und Friedenskämpfers Joschka Fischer. Aus dem zerknautschten und sorgenvollen Gesicht meines alternativen zeitweiligen Außenministers lese ich eine neue Polit-Theorie heraus: Das so genannte Parteienspektrum ist nur ein äußerer Ausdruck meiner inneren Befindlichkeit. Ein Teil meiner Intelligenz gibt den einen Recht, ein Teil meiner Erfahrung und Empfindung anderen. Mörder und Zerstörer der Freiheit und der Demokratie dürfen nicht davonkommen. Richtig, oder? Krieg und Bomben treffen Terroristen selten und dagegen meistens viele Unbeteiligte. Wie mich in den Vierzigerjahren. Auch richtig. Wenn wir doch endlich lernen könnten, dass es Gegensätze gibt, von denen nicht unbedingt einer falsch, abwählens- und auslöschenswert ist.

Der englische Investor in Uniform

Die englischen Besatzer sind mir sympathisch. Sie haben eine sportliche Art, sich mit der Unvermeidlichkeit ihres Wehrdienstes auseinander zu setzen. Bombendrohung gegen unser Hotel. Schwer bewaffnete Behelmte sperren den Haupteingang: „Zutritt bis auf weiteres gesperrt, Sir!" Muss ich mich eben 20 Meter daneben durch einen notdürftig vernagelten Nebeneingang zwängen, um in die überfüllte Bar zu gelangen. Manchmal wird das Hotel auch nachts nach Bomben durchsucht, alle 400 Zimmer. Der Durchsucher reißt mich aus dem Schlaf, schaut fünf Sekunden unter das Bett und in die Dusche und stapft dann weiter. Was soll er auch sonst machen?

Meinen Fernzünder, wenn ich denn einen gehabt hätte, hätte er nicht entdeckt.

Ein englischer Oberst lässt sich anmelden, will unsere werdende Station inspizieren. Gern. Er lässt sich alles zeigen, will alles wissen, studiert sachverständig Personal- und Kostenpläne. Wodurch denn sein besonderes Interesse genährt sei? Verlegenheitspause. Dann sagt er, auch in der rückhaltlosen Antwort durch und durch britisch: Eigentlich sei er gar kein Militär. Eigentlich sei er Vertreter des Verbands britischer Privatrundfunksender, habe sich nur kurz militärisch einkleiden lassen, um hier vor Ort die Geschäftslage zu erkunden. Zurzeit betreibe er von einem Zelt aus unter dem Schutz des Militärs einen Ortssender für die Zivilbevölkerung. 50 Prozent serbisch, 50 Prozent albanisch. Zu einer solchen Aufteilung würde er mir übrigens auch raten. „Die verbliebenen Serben, die in ihren Häusern gefangen sind, haben Informationen am nötigsten." Auch unter den Amerikanern sind solche uniformierte Marketing-Spezialisten nicht selten.

Es sind Experten aus aller Herren Länder im Land. Mit und ohne Uniform. Die englischen Sachverständigen schlagen englische Modelle vor. Mein Kollege und Konkurrent Stephen Claypole schlägt die Modelle vor, die ihm aus England als leistungsfähig vertraut sind. Nachrichten sind von einer eigenen Gesellschaft zu produzieren, wie man es eben in England erfolgreich ausprobiert hat.

Experten verbreiten immer oder sehr lange Hoffnung. Man denkt, sie kämen im Auftrag von Geldgebern, hätten Spender, Sponsoren, Geber im Rücken. Lernt erst spät, dass der Expertenbericht häufig nur den Arbeitsplatz und das Honorar des Experten sichert. Seine Vorschläge sind meist sinnvoll und richtig, wenn sie auch selten über das hinausgehen, was ein mutiger örtlicher Experte ebenso hätte projektieren können, vielleicht nicht im gleichen anspruchsvollen Web-Design. Wie die meisten Unternehmensberater in unseren Breiten, die mit dem Laptop in die Firmen einfallen, die Belegschaft befragen und dann die gesammelten Informationen in wunderbare farbige Grafiken, Tortendiagramme, Tabellen und Projektionskurven umsetzen. Mit zwei Seiten eigenen Schlussfolgerungen: Weniger Leute sollen bitte für weniger Geld mehr arbeiten und ihre Berufsbezeichnungen und Türschilder auswechseln.

In Ungarn kam ich mir besonders überflüssig und hochstaplerisch vor. Die Welt war und ist überfüllt mit ungarischen Sach- und Materiekennern, von Kostolanyi über die Trebitschs bis zu George Soros. Jahrzehntelang hatte die UER für große internationale Sportübertragungen Experten aus dem Ostblock angefordert und in Anspruch genommen, aus Polen, aus der alten UdSSR, aus Ungarn. Die waren glücklich über Ausreisebewilligungen und Tagegeld und die Chance, Westverwandte sehen zu können. Sie redeten wenig, leisteten viel und bestanden nicht auf Einzelzimmern und 200 Prozent Überstundenausgleich. Die wären nach der Wende aus dem Stand in der Lage gewesen, die Neuplanung für ihre eigenen Organisationen und Länder in die Hand zu nehmen. Dass man sie nicht einsetzte, manchmal mit gutem Grund, zum Beispiel weil sie Kommunisten sein mussten, um Ausreisevisa zu bekommen, war meine, unsere Chance. Ich hätte wenig „beraten" können in den meisten Ostländern, wenn ich nicht in fast jeder Hauptstadt eine Kollegin oder einen Kollegen von früher gehabt hätte, der mir Türen geöffnet und mich vor Fallgruben gewarnt hätte.

Mit Ungarn hatte ich mich nach der Wende besonders intensiv beschäftigt. Die allgemeine Stimmung eines Wendelandes, die mögliche und begrenzte Rolle eines Beraters geht aus einem Vortrag hervor, den ich 1994 in Budapest vor Führungskräften des Rundfunks und Parlamentariern hielt und den ich diesem Bericht als Anhang beifüge. Es geht dabei um die Frage, inwieweit gute Verfassungen, gute Rundfunkgesetze, so wie dies viele unserer als Experten entsandten Rechtspositivisten glauben, bereits den Weg zur Demokratie garantieren.

Ich will keine Welt, die nur aus Tätern und Opfern besteht

Ein Anruf aus Belgrad

Ich war noch keine 48 Stunden in Pristina, als mich ein ehemaliger serbischer Kollege aus Belgrad anrief. Woher hatte der wohl meine Nummer?

„Da hast du dir einen elenden Job eingehandelt. Jetzt hast du einen Titel, aber weder Geld noch Mitarbeiter noch Programm. Ich könnte dir natürlich jeden Tag für mehrere Stunden Programm anbieten. In albanischer Sprache, von Albanern produziert, synchronisiert oder untertitelt. Auch politisch neutrales Programm, Schlager, Volksmusik, Fernsehspiel, Sport. Aber das darfst du ja nicht nehmen, weil es serbisch infiziert ist. Soll ich dir wenigstens eine halbe Stunde täglich für die dahinschmelzende serbische Minderheit liefern? Sag nichts, ich weiß, das darfst du dir am Anfang nicht erlauben. Aber es kommen bald andere Zeiten. Auf dem Balkan kommen immer andere Zeiten, das weißt du doch. Lass dich bloß nicht auf das Gelaber von der Unabänderlichkeit der Geschichte ein. Wirst du als Deutscher eh nicht tun. Also, du hast ja meine Nummer, ist die gleiche wie früher. Erzähl mir, wie du zurechtkommst und melde dich, wenn du denkst, die Zeit für freieren Programmfluss zwischen Nachbarländern könnte zurückkehren. Übrigens, geh nicht auf serbisches Gebiet und lass auch keine Reporter dorthin, das würde derzeit Unannehmlichkeiten geben."

Ich bedanke mich für die unannehmbare Kollegialität. Bis bald mal.

Serbien – das verkannte Opfer

Irgendwann später treffen wir uns tatsächlich auf neutralem Grund. Er ist, wie ich ihn seit Jahren kenne: gut informiert, belesen, hilfsbereit, witzig, findig im Finden und Ausnützen von Schlupflöchern, mit dem melancholischen Zynismus, der die Eliten im Südosten auszeichnet. Eigentlich wissen wir alles selber, aber unser Wissen führt meist zu nichts.

Aber unerbittlich in der Politik. Wie meine früheren Gesprächspartner in der DDR. Obwohl er in Belgrad Informationsquellen, alle Sender der Welt zur Verfügung hatte und das Internet, obwohl er Europa und die Welt kennt, obwohl er von einem besseren Regime in Belgrad träumt, einem demokratischeren, einem europäischeren, einem nachbarschaftlicheren, hält er an der These von der Opferrolle Serbiens fest. „Man hat uns übel mitgespielt. Vor allem ihr, die Deutschen. Genscher und Kinkel, diese gelackten Faschisten, haben Serbien zum Einsturz gebracht, indem sie den anderen Europäern die zu frühe Anerkennung Sloweniens und Kroatiens aufs Auge gedrückt haben. Jetzt habt ihr endlich erreicht, was euch in zwei Weltkriegen versagt blieb. Serbien muss sterbien. Endlich habt ihr es wieder geschafft, als kriegführende gleichberechtigte Macht anerkannt zu werden. Auf unserem Rücken. Ihr zerstört das einzige Bollwerk, das in Europa Jahrhunderte gegen die islamische Invasion gekämpft hat. Bald werden die Türken wieder vor Wien stehen, und 300 Jahre christliches Europa gehen vor die Hunde. Aber inzwischen seht ihr wohl langsam ein, welche Dummheit ihr begangen habt, als ihr euch auf die Seite der bosniakischen Hisbollah, der kroatischen Ustascha und jetzt der Kosovaren schlugt.

Du hast ja keine Ahnung, was noch alles auf euch zukommt.

Stell dir mal vor, in Kreuzberg gibt es eines Tages eine türkische Mehrheit. Die dürfen auf einmal alle wählen und klar, die wählen einen türkischen Stadtteilbürgermeister und türkische Bezirksabgeordnete. Eines Tages rufen sie sich zu einer eigenen Stadt, zu einem eigenen Staat mitten in Berlin aus, besetzen alle Ämter, behandeln Deutsch als Fremdsprache. Immer mehr Deutsche ziehen weg. Das, was ihr gebaut habt, die Schulen und Elektrizitätswerke, die Busse und Krankenhäuser, das kassieren sie natürlich, und alles wird türkisch. Dann würdet ihr euch doch auch mit Händen und Füßen wehren." Er sieht es als Freundschaftsbeweis und als vertrauensbildende Maßnahme, dass er diesen Argumentenmüll vor mir auskippt. Die neue Zeit auf dem Balkan heißt für ihn, dass der Westen endlich das Unrecht einsieht, das er Belgrad angetan hat, und den Serben ihre alte Bedeutung als Kultur- und Leitvolk zurückgibt. Er ist da nicht allein. Auch in Deutschland kann er sich auf eine zwar einflusslose, aber beredte Lobby stützen. Da wird dann schon mal im Zusammenhang mit dem Kosovo von einem „zivilreligiösen Menschenrechtskult" gefaselt. Da werden Gräuel geleugnet. Der Artillerieüberfall auf dem Markt in Sarajevo? Inszeniert von den Bosniern, weiß doch inzwischen jeder, um die Ser-

ben zu diskreditieren und um Mitleid zu schinden. Wenn man genau hin-
schaut, sieht man doch selbst auf dem angeblichen Filmdokument das
unechte Blut. Der angebliche Massenmord von Racak? Da hat doch nur
die UCK ihre Gefallenen auf einen Haufen gelegt.

Von da ist es nicht mehr weit zu einem von der CIA organisierten 11.
September 2001 und anderen Verschwörungstheorien.

Ein exemplarisches Gespräch. Zum Schluss sagen wir fast synchron zu-
einander: „Ich kann nicht verstehen, wie ein gescheiter und welterfahrener
Mensch wie du in Kenntnis der Tatsachen solche monströsen Meinungen
vertreten kann." Wir haben beide keine Ahnung. Die Atmosphäre wird
frostig. Wir haben uns nicht wieder verabredet.

Wie man alles ganz anders sehen kann

Argumente dieses Kalibers habe ich immer wieder gehört, höre sie immer
wieder. Wie in Russland über die verblendeten Vaterlandsverräter aus
Kasachstan, Georgien, von Tschetschenien ganz zu schweigen. Aber auch
wortreich für Ex-Jugoslawien, zum Beispiel von versprengten deutschen
Linken, die dies in Blättern wie „Konkret" episch ausbreiten. Von Kollegen und Superdiplomaten, auch deutschen, die meinen, die Tätigkeit eines
Deutschen in der besetzten, vorübergehend von Belgrad getrennten Provinz Kosovo, könnte die deutsch-serbischen Beziehungen belasten. Von
nostalgischen englischen Militärs, denen die Waffenbrüderschaft mit dem
unbeugsamen unterdrückten Partisanenvolk der Serben im Zweiten Weltkrieg an der Wiege und in den Militärakademien gesungen wurde. Von
Franzosen, deren konservative Eliten jedem internationalen deutschen
Engagement – auch auf dem Balkan – mit Misstrauen begegnen. Da kann
es dann schon mal passieren, dass ein französischer Offizier einem Serben
ein paar militärische Tipps zuflüstert. Von Russen unter sentimentaler
Bezugnahme auf ein slawisches Wir-Gefühl.

Die Anhänger eines großen zusammenhängenden neuen großalbani-
schen Reiches auf der anderen Seite, die Groß-Albaner, sind nicht minder
verbohrt und penetrant. Immer wieder werde ich auf die glücklichen Zeiten der deutsch-italienischen Besetzung im Zweiten Weltkrieg – von 1941
bis 1944 – angesprochen. Da herrschte Ordnung, da durften wir albanisch
sprechen, da durften wir an eurer Seite auf den Feind schießen, da hat man
sich um uns gekümmert, da hat man uns als Europäer ernst genommen

und es auch bewiesen, indem man unter unseren jungen Männern Freiwillige für die 21. SS-Division „Skanderbeg" warb. Da hatten wir einen gemeinsamen Feind, den Serben, den Slawen. Haben wir doch bewiesen, als wir nach eurem Abmarsch und nach Titos Macht- und Landübernahme 1944 noch bis Kriegsende als Partisanen gegen den blutsfremden Eroberer Tito kämpften. Und jetzt besteht ihr darauf, Kosovo mit o zu schreiben statt mit a und spielt damit dem serbischen Erzfeind in die Hände. Welche Verkennung, welch bittere Enttäuschung.

Ein Kenner der Region bringt es auf eine rohe, aber einleuchtende Formel:

„Du musst wissen, AlbanerInnen und SerbInnen haben nie miteinander gebumst. In Bosnien, in Sarajevo, im übrigen Land liebten sich alle durcheinander, trieb es jede/r mit jeder/m. Wussten viele nicht, bevor ihre Häuser brannten, welcher Ethnie sie angehörten. Lebten in Mischehen, in gemischten Gemeinden und Wohnvierteln. Aber hier ..."

„Hatte der Kroate Tito, dessen Bild man noch in zahllosen Amts- und Wohnstuben findet, also eine große Befriedung und Einigung der Stämme vollbracht, eine regionale multikulturelle Gesellschaft geschaffen, wenn auch unter serbischer Vorherrschaft? Kann aber nicht so weit her gewesen sein, ihr Tito-Bewunderer, wenn die am Tag seines Todes sofort blutig auseinander brach. Muss irgendetwas übersehen oder versäumt haben, der große Volksheld", denke ich mir.

Wie soll man Kurs halten in solchen Wechselbädern? Wo doch jeder das Recht auf seine eigene Sicht der Wirklichkeit hat und auch keine völlig aus der Luft gegriffen ist.

Therapiemodelle im Widerstreit

Völkermord und Bürgerkrieg müssen verhindert werden. Durch Diplomatie, aber notfalls auch durch Eingreifen von außen. Unter den Eingreifern gibt es zwei Parteien. Langzeittherapeuten und Schocktherapeuten. Die Ersteren sagen: Der Patient ist bis auf weiteres nicht allein lebensfähig. Erst wenn er hinreichend aufgepäppelt ist, kann er wieder für sich selber sorgen. Jede vorzeitige Entlassung bedeutet einen sicheren Rückfall und gefährdet nicht nur ihn selbst, sondern auch seine Umgebung.

Die Letzteren sagen: Lebensunfähigkeit entsteht auch durch unangemessene Betreuung. Wir dürfen den Patienten nicht an Umstände gewöhnen, die nicht haltbar sind. Kein Hospitalismus, keine Abhängigkeit vom Ärzte- und Pflegepersonal und von der Krankenhauskantine. Wunden säubern und verbinden. Ein Paket mit Winterkleidung und Notration und dann zurück auf die Straße, in die Dörfer. Hält er sich nicht an die Therapieanweisungen, so liegt das außerhalb unserer Verantwortung. Wie immer bei dialektischen Gegensätzen sind beide Thesen nicht völlig unbegründbar, und es gilt, einen Mittelweg zu finden, der gegensätzlichen Wahrheiten Rechnung trägt.

Konkret schlägt sich dieser Konflikt dann in der Frage nieder:

„Wann, Herr Kouchner, treten Sie die Exekutive an die ‚eigentliche' Regierung ab? Wann werden Sie freie Wahlen abhalten und die auch respektieren?"

In Bosnien haben die Schocktherapeuten jeden nur erdenklichen Fehler gemacht. Wahlen unter demokratiefremden Bedingungen zu früh festgesetzt und damit extremistische, nationalistische Parteien gefördert. Ja, aber Demokratie ist unteilbar. Man kann doch nicht erst dann wählen lassen, wenn das Ergebnis vorhersehbar und der Welt angenehm ist. Kouchner ist, gegen Widerstände, standhaft geblieben. Erst Registrierung aller Bürger, Personalausweise, damit – anders als in Bosnien – klar ist, wer wer ist und wo wohnt und also wo wählen darf. Zeit für Parteien, sich zu formieren. Direkt nach dem Krieg hätten die Vertreter der UCK viele Stimmen auf sich gezogen, weil man sie eben am besten kannte. Erst müssen die militärischen Kommandostrukturen in politische Parteienstrukturen umgewandelt sein. Das war richtig. Seit den Wahlen von 2001 gibt es wachsende Ansätze von Differenzierung und Vielfalt.

An mich lautet die Frage:

„Wann werden Sie, Herr Dill, Ihren Sender in kosovarische Hände übergeben?" „Wenn die Hiesigen in der Lage sind, den Laden zu übernehmen, ist doch klar."

„Wann also berufen Sie zur Vorbereitung dieser Übergabe kosovarische Mit-Regenten, Mit-Denker und Mit-Arbeiter?"

Vom ersten Tag an muss ich zwischen Früh- und Spätkosovarisierern die Balance halten.

Ein pochender Weisheitszahn

Das Team organisiert sich, nimmt die Arbeit auf. Ich kann mich meinem pochenden Weisheitszahn widmen. Eines Morgens betritt ein schwer bewaffneter englischer Sergeant das Studio, Kalaschnikow oder wie das Ding auf Englisch heißt, lässig in der Armbeuge. „Ein Mister Dill hier? Habe Auftrag, Sie sofort zur englischen Kommandantur zu expedieren!" Der Sergeant spricht Deutsch mit pfälzischem Akzent, weil er nach aktiver Dienstzeit dort wohnhaft geblieben ist und durch den Kosovoeinsatz nur kurzfristig sein Taschengeld aufbessern will.

„Worum geht 's denn?"

„Sie haben gestern beim Pressebriefing gegenüber unserem Verbindungsoffizier über Zahnschmerzen geklagt. Werden deshalb heute der zahnmedizinischen Dienststelle überstellt."

Nach längeren Formalien betreten wir das englische Heerlager außerhalb der Stadt. In einem Armeezelt hat eine soeben eingeflogene uniformierte Dentistin angefangen, ihr Handwerk auszuüben. Ich bin ihr erster Patient. Die Untersuchung dauert drei Minuten. Diagnose: Wurzel entzündet, Zahn muss entweder raus oder wurzelbehandelt werden. „Kann ich zwar hier machen, aber wenn Sie die Möglichkeit hätten, vielleicht zu Hause bei Ihrem ständigen Zahnarzt ...?"

Jetzt öffnet sie ihr atlantengroßes Krankentagebuch, schreibt auf die erste Seite in die erste Spalte eine Eins. „Name? Einheit?" „Also, ich bin eigentlich ARD oder vielmehr BR, jedenfalls früher. Jetzt von der UER angefordert für den Aufbau von RTK, angestellt von UNMIK oder vielmehr von der OSZE." Nach Studium der verschiedenen mir um den Hals baumelnden Sonderausweise entscheiden wir uns für UNMIK. „Dienstgrad? Haben Sie nicht? Oh, das muss ich mit dem Standortkommandanten klären." Nach diversen Telefonaten freudestrahlend: „Konnte das Problem lösen, wir schreiben einfach ‚Mister'."

Außenminister Fischer ist auf Blitzbesuch in Pristina. Tritt kurz vor der Presse auf, erweckt den Eindruck, dass es den Deutschen nicht gleichgültig ist, was hier passiert und dass man auf deutsche Unterstützung und Hilfe zählen könne. Ich frage seinen Transportoffizier, ob im Flugzeug ein Platz zurück nach Deutschland frei ist. Nicht? Oh Gott, muss ich wieder durch die Hölle von Skopje? Vielleicht nicht, eine Transportmaschine des World Food Programme fliegt zweimal wöchentlich mit Hilfsgütern von Rom über Pristina nach Tirana und zurück. Da gibt 's manchmal im Frachtraum einen Notsitz. Tatsächlich, ich bekomme einen hinter leeren Containern und schlecht vertäutem Gerümpel. Die Maschine scheint altersschwach, steigt mühsam, ächzt und vibriert in allen Fugen. „Aber das sind die sichersten Maschinen", meint ein unrasierter Mitreisender. „Die landen auch im Segelflug, wenn alle Motoren ausfallen." Wenige Tage später zerschellt diese Maschine, vollbesetzt, beim Anflug auf Pristina im Nebel an einem Berg.

Zwei Tage Heimaturlaub. Geld wechseln für UN-Kollegen, Rheuma- und Diabetesmedikamente besorgen für Kollegen und Mitarbeiter, aktuellen Lesestoff kaufen in mehreren europäischen Sprachen. Gespräche mit Ausrüstern und exilierten Balkanexperten. Kontaktaufnahme mit potenziellen Mitarbeitern und Mitarbeiterinnen. Solchen, die sich bewerben und solchen, von denen ich gerne eine Bewerbung sähe. Schwierige Gespräche, von denen keines zu einem Abschluss führt. Ich kann zwar Geld anbieten, aber keinen Stellenplan vorweisen, keine Positionsbeschreibung, kein verbindliches Programmschema, keine Benefits für jetzt oder Sicherheiten für später. Schade. Warum ist die Bereitschaft, im eigenen Berufsleben gelegentlich zu improvisieren, in anderen Ländern deutlich größer?

In Deutschland überwältigt mich ein unbeschreibliches Gefühl von Wohlstand und Luxus: Tageszeitung, Strom, Wasser und Papayas. Die Verwunderung über das, was Menschen erregt: die Verspätung von Zügen, das Dosenpfand. Merken und schätzen wir wirklich nicht, wie wenig schlecht es uns geht?

Rückflug über Vilshofen

Die Rückreise beginnt mit einem Eisenbahnbillet von München nach Vilshofen. Dort steht die zum fliegenden Krankenwagen umgebaute Piper von Peter, einem flugbesessenen Landarzt aus Niederbayern. Den hat eine Dame mit großem Namen und humanitärem Engagement zu Hilfsflügen nach Pristina engagiert. Er fliegt, sie vermittelt Behandlungsplätze für Kranke. Die Nacht vor dem Abflug wird kurz, weil wir nicht nur Erfahrungen austauschen, sondern uns auch gegenseitig die Sinnfragen stellen. Was bewegt uns, in dieser Hasszone tätig zu sein? Wem glauben wir zu dienen und zu nützen? Wem vertrauen wir? Hat diese Region eine Chance, dem Hass eines Tages zu entrinnen? Hat sie auf sich gestellt eine Zukunft?

Sind unsere Anstrengungen nützlich oder vergeblich? Helfen wir den Richtigen? Was ist mit den vielen, die im Dreck liegen und denen nicht geholfen wird?

Wir enden mit der Schlussfolgerung: Zum Einsatz für Menschen, die ohne unsere Hilfe nicht überleben können, gibt es keine Alternative. Fragen der Nachhaltigkeit, der Gerechtigkeit, der Kosten-Nutzenanalyse müssen auf später verschoben werden.

So wie es auch Hans Koschnick formuliert hatte: „Es muss gemacht werden, weil es keine Alternative gibt."

Peter schildert den Kampf ums „Krankengut", um die Betreuung Kranker, vor Ort. Das von den Serben hinterlassene Gesundheitswesen konnte sich sehen lassen. Jetzt sind die Serben weg, albanische Ärzte rücken nach, teilweise kommen sie gut ausgebildet aus dem Ausland zurück. Zahlreiche medizinische Hilfsorganisationen, die beim Sammeln von Spenden heftig miteinander konkurrieren, haben sich vor Ort etabliert. Jetzt kommen auch zusätzliche Hilfsangebote von außen. Kranke und Behandlungsbedürftige gibt es genug, aber nicht jeder Kranke aktiviert die Spendenbereitschaft. Vergewaltigte Frauen rühren Spenderherzen am meisten, gefolgt von verletzten Kindern, weiblichen Minenopfern. Weiter hinten rangieren arbeitsfähige Männer und Alte, von denen befürchtet werden kann, dass sie nach der Genesung Sozialetats belasten. Flüchtlinge haben mehr „Newswert" als diejenigen, die zu Hause ausgeharrt haben. Katholische Christen haben Vorrang vor orthodoxen Christen oder Muslims. Außerhalb jeder Wahrnehmung liegen derzeit Serben, insbesondere wenn sie alt und/oder krank sind und sich nicht mehr aus der kosovarischen Heimat umsiedeln lassen wollen. Geholfen wird also in erster Linie denen, für die sich in Deutschland und anderswo Spenden zusammentrommeln lassen. Jedenfalls so lange, bis ein neuer Krisenherd die Herzen und die Geldbeutel der Spender umlenkt.

Unabhängig von dieser abstoßenden medienorientierten Hierarchie des Mitgefühls sind die bewiesenen und beweisbaren Schicksale von einzelnen, von Familien, von Dörfern manchmal von unfassbarer Rohheit. Eine Bauernfamilie kehrt aus dem Flüchtlingslager zurück, die Kindern erklettern freudig ihr Baumhaus. Aber da hat jemand kunstvoll Minen installiert: Zwei verstümmelte Kinder, die das Glück haben, in eine deutsche Klinik ausgeflogen zu werden. Peter riskiert es gelegentlich, vertragswidrig ein polio- oder lungenkrankes Kind auszufliegen. Zur Geschichte seiner medizinischen Rettungsflüge gehört allerdings auch, dass die Frau von Stand, die die Transporte organisierte und ihn anheuerte, als es ans Bezahlen der Flugrechnungen ging, Konkurs anmeldete und auf ihren Status als Sozial-hilfeempfängerin verwies.

Der Flug dauert fast so lange wie der nach New York: über Klagenfurt an die Adria, die italienische Küste hinunter bis Brindisi. Dann Ein-schwenken Richtung Tirana und von Süden her über Skopje nach Pristina. Am nächsten Mittag bin ich wieder vor Ort. Auf dem Flugfeld fällt mir als erstes Nadia, die Pressesprecherin von Kouchner, um den Hals. Keines der angekündigten Dienstflugzeuge Richtung Frankreich in Sicht, wohin sie dringend müsse. Sie darf als Ko-Pilotin in Peters Maschine die Rückreise antreten, hinterlässt mir dafür für einen Arbeitstag ihren Dienstwagen mit Fahrer.

21 Tage können verdammt lang sein

Kouchner braucht Erfolge

Ich komme gerade rechtzeitig zur ersten großen Mitarbeiterversammlung von Kouchners Stab. Bernard Miyet, der Stellvertreter von Kofi Annan, ist eingetroffen. Ich kenne ihn als französischen Einpeitscher für eine europäische, das heißt von Amerika unabhängigere Medienpolitik. Rund 600 Mitarbeiter sind da, Sprachengewirr. Kouchner platziert mich direkt vor seinem Rednerpult in die erste Reihe. Ich möchte ihnen gern helfen, diesen beiden beredten und wortgewaltigen französischen Intellektuellen, die aber auf Englisch nur Bruchteile ihrer Gedanken an den Mann bringen können. In Kenntnis der zahllosen Projekte des Hauses Kouchner bin ich etwas verlegen, dass er das geplante Fernsehen und mich als dessen Herbeizauberer in den Mittelpunkt seiner Zukunftspläne rückt. Er stellt sich hinter unsere Arbeit, das ist gut und hilfreich, aber er nimmt uns auch in die Pflicht.

„Kouchner sieht sich als einer von drei Regierungs-Chefs im Kosovo", melden Agenturen, und Medien tragen es weiter. Ein Sprachproblem, gefördert von Journalisten, die kein Französisch können. Auf Französisch hat Kouchner witzig, elegant, unter Bezugnahme auf die Theorie der Gewaltenteilung von Montesquieu deutlich gemacht, dass er nach dem Willen der internationalen Gemeinschaft Inhaber der zivilen exekutiven Gewalt sei. Dass er es aber als sein oberstes Ziel ansehe, sich selbst überflüssig zu machen („Kouchner erklärt: Ich bin überflüssig!", so lautete die Interpretation der Presse.) Dass es ferner im Lande Gruppen und Personen gebe, die sich ihrerseits für regierungsfähig hielten und diesem Zukunftswunsch auch Ausdruck verleihen würden. Da wäre zunächst Ibrahim Rugova, der über viele Jahre eine interne Parallelregierung führte. Da seien dann auch die von Hashim Thaci geführten Vertreter der UCK, nicht ganz ohne Verdienst für den Aufbruch in eine neue Richtung, die sich jetzt in eine normale Partei umwandeln wollten und müssten. In der Zwischenzeit müsse man Verständnis dafür aufbringen, dass sie sich gelegentlich als „provisorische Regierung" (fehl-)interpretierten. Französischer Subjonctif,

Konjunktiv, Möglichkeitsform. Offen für jede anglo-amerikanische oder deutsche Interpretationsvereinfachung.

Ich will hören, dass er hinter unserem Projekt steht und den Einflüsterungen der Bremser nicht erliegt. Er will hören, dass wir das 21-Tage-Wunder tatsächlich vollbringen werden und außerdem das Programm noch gut sein wird. Brauchbar für den Anfang, korrigiere ich.

„Aber Sie können stolz darauf sein, endlich in dieser Region einen ‚Service Publique' auf die Schiene gesetzt zu haben."

Seine Antwort haut mich vom Stuhl.

„Wenn 's nicht dieselbe Missgeburt wird wie der Service Publique in Frankreich." Hoppla. Erst langsam kriege ich mit, dass Kouchner auch im eigenen Land über wenig Hausmacht und damit über keine Medienpräsenz verfügt. Dass er von französischen Journalisten abgemeiert und mit Belanglosigkeiten belästigt wird.

Anstatt sich mit der Sache zu befassen, fragen Journalisten: „Ist es richtig, Herr Kouchner, was man sich über Ihr Gehalt erzählt ...?"

Eine Ausbildung, die ich gern selber gehabt hätte

Die internationalen Redaktionsteams, die während des Krieges im Kosovo arbeiteten, beschäftigten junge Leute als Helfer und Kontaktpersonen. Mit denen habe ich Kontakt gehalten oder aufgenommen. Nachdem die Ehemaligen keine Mitarbeiter zur Umschulung anmelden („Eine Frechheit. *Ihr* braucht Schulung, wie ihr euch in unserem Land zu benehmen habt. Wir wissen, was wir zu tun haben"), werden wir uns an diese Gruppe wenden. Übrigens überredete ich auch die meisten Reporterteams, Kopien von dem hier zu lassen, was sie an ihre Heimatstationen überspielten und sammelte so schnell in ein paar Kartons ein kleines, aber beachtliches Archiv an.

Mit der Ankunft von Christabel, unserer Programmchefin, und ihren auf Englisch fixierten Kollegen reduzierte sich unsere Sprachenvielfalt. Ich muss denen, die für deutsche Teams arbeiteten (gut arbeiteten) und – nur! – Deutsch können, verklickern, dass sie in der ersten Trainingswelle nicht dabei sein können.

Was wir machen, ist Training-on-the-Job in intensivster Form. Jeden Morgen werden Themen festgelegt, dann gehen die Ausbilder mit unseren Trainees und den zwei Kameramännern los, um zu recherchieren, zu interviewen, zu drehen. Drei Wochen oder weniger für das, wofür anderswo

Monate und Jahre gebraucht werden. Die meisten Jungen kapieren schnell, dass ihnen die Chance ihres Lebens geboten wird.

In provisorischen Kojen wird geschnitten und vertont.

Wenn die Einstellung wechselt, braucht man einen Zwischenschnitt.

Der Text muss kürzer sein als das Bild.

„Geht doch nicht, muss ich halt das Bild verlängern, damit ich meinen (unverzichtbaren!) Text unterbringe."

„Nein, du musst kürzen."

Meine englische Programm-Königin Christabel erringt schnell den Beinamen Mrs. Holdit. Hold it, das heißt: „Unterbrechen Sie alles, womit Sie gerade beschäftigt sind, und erteilen Sie mir das Wort." Solange Mrs. Holdit mir nicht in meine Arbeit hineinpfuscht, macht sie ihre Sache gut. Allerdings behandelt sie ihre angehenden Producer wie englische Grundschüler. „Schweigen Sie. Diese Arbeit erfordert Konzentration. Reden Sie nur, wenn Sie gefragt werden. Fassen Sie sich kurz. Ich dulde keine Zigarettenpausen." Gott sei Dank, dass es eine Engländerin ist, die so herumkommandiert. Ich staune, wie viel sich die Auszubildenden gefallen lassen.

Ich sitze an meinem Intendantentischchen im provisorischen Großraumbüro, in dem auch die Computer untergebracht sind und versuche eine Verbindung mit London zu kriegen. Reuters soll uns für die ersten Monate seinen internationalen Dienst gratis zur Verfügung stellen. Entwicklungshilfe für zukünftige Märkte. Tut das auch nach einigem Hin und Her. Großartig, danke. Aber schließlich sind die UER und ihre Mitglieder wichtige Partner im News-Geschäft.

Neben mir arbeitet schon seit den frühen Morgenstunden ein stiller junger Diplominformatiker am Computer. Mrs. Holdit betritt den Raum, faucht ihn ohne Zögern an: „Das ist ein Editorial Room, in dem ich das Kommando führe. Was haben Sie hier verloren?"

Der Angesprochene erhebt sich erschreckt, nimmt Haltung an, murmelt verdattert:

„Ich arbeite hier am Computer."

„Dies sind meine Computer. Hier arbeitet niemand am Computer, außer auf meine persönliche Anweisung und unter meiner Kontrolle. Suchen Sie sich woanders einen Computer zum Arbeiten."

Der Intendant meldet sich zu Wort: „Christabel ..."

„Keine Ausnahme. Haben Sie verstanden!"

„*Christabel*!"

„Niemand!"

„Christabel", das ist unser Computerspezialist, für vier Tage aus London eingeflogen, richtet unsere Computer ein und installiert gerade die kyrillische Schrift für unseren serbischen Programmteil."

„Oh, Verzeihung. Wir sind alle so im Stress, aren't we!"

„So habt ihr auch Indien verloren, oder?", bemerke ich.

Ich wende mich dem Kollegen zu.

„Was lassen Sie sich eigentlich alles gefallen? Können Sie sich nicht gegen eine volksschullehrerhafte Landsmännin durchsetzen?"

„Gott sei Dank, nur noch 72 Stunden", seufzt der diplomierte Spezialist und versenkt sich wieder in sein Motherboard.

Praxis-Lehrgänge im Schnelldurchgang

„So, das wäre jetzt der englische Text", sagt Trainer Chris im Nebenraum zu einem unserer Meisterschüler.

„Jetzt die albanische Übersetzung. Wie lange brauchen Sie dafür?"

„Ist doch kurz, sprech ich live auf Band."

„Später mal. Heute will ich ein Skript. Links Bild, rechts Text."

„Gut. Mach ich zu Hause und bring es morgen mit."

„Morgen läuft der nächste Testdreh. 20 Zeilen Übersetzung, dafür gibt 's in der BBC 40 Minuten. Ich komme in einer Stunde zurück. Dann ist der Text fertig. Und den albanischen Originalton will ich auf Englisch."

„Ist doch Quatsch. Die Zuschauer verstehen ihn doch."

„Aber ich nehme den Beitrag ab, also will ich wissen, was Thaci sagt."

„Sie werden doch einen Beitrag von Thaci nicht zensieren wollen?"

„Will nur genau wissen, was er sagt. Und zwar wörtlich."

Stunden später.

„O.k., der albanische Text passt ungefähr. Machen wir noch einen Probedurchlauf für den Kommentar. Beim ersten Durchlauf haben Sie Thaci anders bezeichnet als beim zweiten. Was haben Sie da geändert?"

„Ich hab 's verbessert."

„Wie denn?"

„Einfach sprachlich verbessert. Auf albanisch, verstehen Sie ohnehin nicht."

„Schreiben Sie mir 's einfach auf, hier. Was Sie beim ersten Mal gesagt haben und was beim zweiten Mal. Ja, auf albanisch. Verstehe, beim ersten

Mal haben Sie gesagt, ,Hashim Thaci, Mitglied des Kosovo Council', beim zweiten Mal ,Ministerpräsident'. Das erste war richtig, das will ich in der Endfassung hören, alles klar?"

Ein Zwei-Semester-Seminar über journalistische Verantwortung, redaktionelle Mitbestimmung und Grenzen der Informationsfreiheit im Schnelldurchgang.

Ich wollte, ich hätte so einen Kurs besuchen können!

Wettlauf gegen die Uhr

Kouchner drängt auf Festlegung. Seine Kritiker auf Verschiebung und Verzögerung. Wir legen uns fest. Sendebeginn ist der dritte Sonntag im September, 19 Uhr. Zwei Stunden täglich für den Anfang, das heißt angesichts unserer Ressourcen eine Stunde, die wiederholt wird. Zehn Minuten pro Stunde in serbischer Sprache. Neues Männleinlaufen bei Kouchner und Everts: „Sieben Uhr abends, wie kann man nur ..., da sieht man doch gleich, dass die Leute keine Ahnung haben!"

19 Uhr wählen wir aus mehreren Gründen: Um 21 Uhr laufen im Satellitenprogramm aus Tirana die albanischen Nachrichten, bisher eine der populärsten Sendungen für das Land. Die wollen wir nicht überlappen. Um 19 Uhr erreichen wir noch Kinder und Jugendliche, und die sind uns besonders wichtig. Außerdem sind vor 21 Uhr Satellitenzeiten in der Regel leichter zu buchen als später am Abend. Und schließlich sind die Chancen auf Stromversorgung für die Zuschauer am frühen Abend am besten.

„Warum nur eine Stunde neues Programm und dann gleich Wiederholung? Da wird der Sender doch vom ersten Augenblick an enttäuschen. Sollte man da nicht besser mit dem Sendebeginn warten bis mehr Programm-Material verfügbar wird? Und überhaupt: Wieso denn Serbisch? Die Leute sollen gefälligst Belgrad einschalten, statt uns unsere ohnehin geringe Programmzeit zu stehlen. Über einen albanischen Sender wird kein Wort Serbisch gehen, ist das klar!" Fast stündlich müssen unsere Verteidiger mit Argumenten gegen neue Bremsversuche versorgt werden.

In London ist unser Ministudio auf Lkw verladen und in Marsch gesetzt worden. Unter dem Kanal durch, dann quer durch Frankreich nach Italien. In Ancona auf die Fähre nach Griechenland. Durch Griechenland nach Saloniki, von dort über Mazedonien, Skopje zur Grenze. Wie lange wird das dauern? Mindestens eine Woche. Wir legen eine Deadline fest.

Wenn der Konvoi acht Tage vor Sendebeginn nicht da ist, können wir den Termin nicht halten. Per Satellitentelefon erhalten wir täglich Standortmeldungen. Es geht nach Plan vorwärts, aber eben auch nicht schneller.

Meine Versuche, das Team jeden Morgen in einer gemeinsamen Sitzung zu informieren, scheitern an Mrs. Holdit. Sie kann unter keinen Umständen, nein, völlig ausgeschlossen, auf ihre Morgenaerobic verzichten. Wenn sie um neun Uhr auftaucht, müssen alle anderen an die Arbeit. Also führe ich Einzelgespräche und verteile jeden Morgen ein Information Sheet, eine gedrängte zusammenfassende Information mit Aufgabenverteilung.

Und die nächste Krise

Die nächste Krise kommt von innen und sieht gefährlicher aus als andere.

„Stimmt es, dass wir ein geleastes Studio bekommen statt des wunderbaren Ü-Wagens von der großzügigen und weltweit technisch führenden BBC? Der dann auch im Lande hätte bleiben können zur Mehrung des kosovarischen Volksvermögens? Aber offenbar hat sich der Gründungs-Intendant von einer Leasing-Firma einwickeln lassen, dem sollte man mal nachgehen, oder?"

Douglas Davidson hat in seiner OSZE-Funktion angefangen, das gesamte Mediensystem des Landes neu zu ordnen bzw. aus dem Boden zu stampfen. Gesetzgebung, Personalfragen, Lizenzen, Kontrolle, Finanzen, Sanktionen, Monitoring. Er ist ein Wenig- und Leisesprecher mit einem gesunden Hang sowohl zur Melancholie wie zum Wunderglauben. Da er viel von der Welt gesehen hat, ist sein Dogmatismus schon leicht angesengt. Dass öffentlicher Rundfunk nicht so schlecht ist, wie ihn amerikanische Medienlobbys darstellen, hat er schon gehört. Er kann uns jetzt Minen aus dem Weg räumen oder das Projekt versenken. Er entscheidet sich nach einem schnörkellosen Informationsaustausch für das Minenräumen.

Die Leasing-Frage sieht er als bedrohlich an. Wegen der Geldgeber, die den verständlichen Wunsch haben, dass durch ihre Beiträge Hardware ins Land kommt und nicht alles für Betriebskosten draufgeht. Er sieht jedoch zähneknirschend ein, dass wir jetzt durch die Bremsschleusen müssen, nach vorn, nicht mehr aussteigen können und wollen. Was er denn tun solle?

„Du schreibst mir einen bösen Brief", schlage ich vor und setze ihm den auch gleich auf. „Dann kriegst du von mir einen empörten Brief zurück." Mit allen Argumenten: Dass Zeitgewinn und Betriebssicherheit jetzt Vorrang haben; dass zwar nicht alles Gerät im Lande bleiben kann, aber vieles; dass in einem Projekt wie unserem Hardware-Kosten ohnehin nie mehr als ein Viertel betragen. Und dass während der Laufzeit des Projekts garantiert mehr Hardware ins Land kommen wird.

Wir entwickeln ein funktionierendes Arbeitsverhältnis. Mit vielen Mitternachtsgesprächen. „Da wollen wieder irgendwelche Bürohocker nur Geld überweisen, wenn ich diesen fünfseitigen Fragebogen ausfülle", schnaubt er. Schriftliche Begründungen für Selbstverständlichkeiten, da bin ich Weltmeister. Ich fülle das Zeug für ihn aus mit unwiderlegbaren Verweisen auf Beschlüsse der UN und der EU, Richtlinien der OSZE und im Einzelnen noch nicht verfügbaren Details, deren Nachlieferung Punkt X der Haushaltsordnung in begründeten Ausnahmefällen zulässt.

Unser Konvoi ist jetzt in Mazedonien. Muss an der Grenze Papiere und Zollerklärungen vorlegen und ausfüllen. In der Landessprache. Auf allen Frachtstücken steht als Anschrift: M. Bernard Kouchner, UN Pristina. Von Skopje nach Pristina ist kein Durchkommen für den Tieflader. Umkehren, zurück nach Skopje. „Douglas, kannst du unsere Lkw irgendwie an der Warteschleife vorbeilotsen?"

The Eagle has landed

Sieben Tage vor Sendebeginn. Gefragt, was das größte Erlebnis in meinem Arbeitsleben war, sage ich in der Regel: Apollo 11, Raketenstart und Mondlandung, Sommer 1969. Einige Jahre war ich Business-Manager, also Kassenwart und Verwaltungsbeauftragter für die Eurovisionsübertragungen von der Apollo-Serie. Mit legendären Teamchefs wie Richard Francis (BBC), Vittorio Boni (RAI) und Alexandre Tarta (ORTF).

Ab heute kommt ein zweiter Höhepunkt hinzu. In der Abenddämmerung dröhnen zwei englische Tieflader heran, überbreite Sechsachser, bestückt mit unserem Arbeitsgerät, in Container verpackt. Eine Eskorte der internationalen Polizei hat sie mit Blaulicht aus der 48-Stunden-Warteschlange vor der Grenze herausgewunken und zum Funkhaus befördert. Ich sitze mit den verfügbaren Mitgliedern des Teams fiebernd auf den Stufen des Funkhauses. Der verschwitzte und unrasierte Fahrer, der nach sechs Reisetagen ungelenk und steif aus der Fahrerkabine torkelt, ist verblüfft, als ein alter Mann mit Gehstock, der sich als Leiter des Unternehmens vorstellt, auf ihn zukommt und ihn umarmt. Er rangiert sein Ungeheuer nach fünf Versuchen sicher rückwärts auf unseren Parkplatz. "The eagle has landed."

Jubel im Team. Kaltes Bier für die Lkw-Rallye-Fahrer. In einer Woche werden wir Fernsehen machen. Yeah! Die englische Crew, Techniker, die das Studio aufbauen und sendefertig machen werden, ist im Laufe der letzten Tage eingetroffen. Am schnellsten war ein Bildingenieur aus der Karibik. „Wie hast du das von Skopje hierher so schnell geschafft? Es hat dich doch niemand abgeholt." „Per Anhalter!" – freie Bahn dem Erfindungsreichen.

Das Team soll auch lokale Techniker anlernen, spätestens eine Woche nach Sendebeginn müssen die meisten Externen weiter zum nächsten Job. Mehr und mehr Bewerber aus dem Reservoir der früheren RTP geben ihre Bereitschaft zur Mitarbeit zu erkennen, auch gegen das Votum ihrer Interessenvertretung.

Deren Streik- und Boykott-Komitee ist aufgescheucht: Die machen ja ernst! Erneuter Protest. Wie wir vorausgesagt haben: lauter Ausländer im Studio, dabei habt ihr Arbeitsplätze für Ortskräfte versprochen. Streikbrecher dürft ihr nicht anstellen, die werden wir zur Rechenschaft ziehen.

Visite bei der provisorischen Regierung

Meine Vertrauensmänner löchern mich, warum ich keinen Kontakt mit der „provisorischen Regierung" aufnehme. Ich entschließe mich trotz Bedenken, das zu tun. Es gibt dort einen Informationsminister, der gerade im Ausland ist, und einen Stellvertreter. Dem berichte ich vom Stand unseres Projektes, nehme die vorhersehbaren Einwände zur Kenntnis.

„Wir werden plangemäß auf Sendung gehen. Sie haben heute nicht die Wahl zwischen meinem Fernsehen und einem anderen Fernsehen, sondern nur die Wahl zwischen meinem Fernsehen und keinem Fernsehen."

„Soll ich das wirklich so übersetzen?", fragt der Dolmetscher. Das ist ungewöhnlich, oft nutzen Dolmetscher ihre Sprachmacht ungehemmt und übersetzen, wie Stichproben zeigen, was ihnen in den Kram passt.

Der Minister meint, er werde das „seiner Regierung" vortragen und mir dann die Entscheidung übermitteln. Habe ich um Genehmigung gefragt? Hat er schon mal was von einer amtierenden Regierung Kouchner gehört? Jedenfalls entspannt sich die Lage nach diesem Besuch fühlbar. Die örtliche Presse verbreitet allerdings weiterhin jedes Gerücht über unsere angeblich Kosovo-unverträglichen Aktivitäten.

George Soros ist in der Stadt. Die von ihm gegründeten Medienstiftungen haben auf dem ganzen Balkan überproportionalen Einfluss, subventionieren viele nützliche Projekte, beanspruchen aber in Fragen der Medienplanung fast überall Mitspracherecht. Mit einigen seiner Berater habe ich guten Kontakt, andere verfolgen ungehemmt eigene Projekte, natürlich „unabhängige". Soros spricht sich gegen überhasteten Fernsehbeginn aus, wird von uns gleich interviewt und archiviert.

Botschafter Everts macht einen letzten Schlichtungsversuch mit dem Komitee der Ehemaligen. Ich lege eine Liste von drei Dutzend Positionen vor, die sofort mit Ortskräften zu besetzen sind. Sie wird mir aus der Hand gerissen. So wenig? Es ist ein Anfang. Wenn ihr später mehr wollt, dürft ihr unseren Start nicht länger behindern. Dass die einzusetzenden Mitarbeiter, wenn schon nicht ausgebildet, so doch eingewiesen werden müssen, stößt auf Unverständnis. Wir wissen doch, wie Fernsehen geht. Nach mehreren Stunden Argumentenkanonade verkündet Everts einen Kompromiss. Der ist so, dass ihn beide Parteien in ihrem Sinn auslegen können. Das Komitee versteht, dass es nunmehr befugt sei, Mitarbeiter auszuwählen und mir zur Arbeit zuzuteilen. Ich verstehe und bestehe auch darauf, dass das Komitee berechtigt ist, Vorschläge zu machen, über die dann der Sender befindet. Muss doch geklärt werden, diese Differenz, oder?

„Halt 's Maul", zischt mir Douglas zu, „und fang an!" Am nächsten Morgen drängen sich die ersten kosovarischen Bewerber, Verzeihung, abgeordneten Mitarbeiter im Studio, bekommen umgehend Kisten zum Auspacken und Schraubenschlüssel in die Hand gedrückt. Bezahlung zunächst in bar und auf Stundenbasis. Gott sei Dank, sagen einige: „Das ist ja alles völlig anders, als wir es erwartet haben und gewohnt waren. Wer erklärt mir, wie dieser merkwürdige auf Schubladengröße geschrumpfte Bildmischer funktioniert? Der es weiß und mir beibringen muss, will nächste Woche schon wieder in London sein? Ausgeschlossen, die Ausländer müssen bleiben, können uns doch nicht einfach im Neuland sitzen lassen!" Die Mundpropaganda beginnt zu unseren Gunsten zu arbeiten.

Die Aufbauphase erfordert einen 24-Stunden-Arbeitstag.

Tausend Liter Diesel täglich

Benzin und Diesel kann man an den Ausfallstraßen der Stadt literweise in Plastikflaschen kaufen. Unser Stromaggregat braucht 40 Liter in der Stunde, fast 1000 Liter pro Tag. Dafür können wir während der offenbar auf Jahre hinaus unvermeidlichen und unplanbaren Stromausfälle Strom abgeben, zum Beispiel an den Hörfunk. Wir suchen und finden einen Standort, von dem aus das Geräusch nicht in die Studios dringt. Aber woher bekommen wir Diesel? Wir probieren es bei den Militärs von KFOR, die haben am meisten. „Gern", sagt der zuständige Kraftstoffverteiler. „Nur eine Kleinigkeit: Wenn Kouchner bitte ein paar Zeilen an den militärischen Oberbefehlshaber Jackson schreiben könnte." Eine Masche, die ich kenne. Wie oft habe ich in der ARD versucht, von Anstalten etwas zu erbetteln, für das die wichtigste Voraussetzung für jede Art von Leistung und Mittelzuweisung fehlte: die Produktionsnummer.

Ein Gast oder Praktikant ist zu betreuen, ein Studio ist bereitzustellen für einen Staatsbesucher aus dem Ausland, dessen Heimsender kein Geld hat. Produktionshilfe. Ein Programmausschnitt. Ein Dienstwagen für sechs Stunden. Eine Ermächtigung für ein Taxi. „Gern, ohne weiteres, selbstverständlich. Aber drei klitzekleine Zeilen bräuchte ich halt vom Herrn Intendanten. Bloß wegen der Ordnung und wegen der fehlenden Produktionsnummer." Ich habe mir früh abgewöhnt, Regierende um solche Briefchen zu bitten. Sie ziehen fast naturgesetzlich lange Denkschriften der betroffenen Abteilung nach sich. Wie man sich freue, dem Haus und dem Intendanten zu Diensten sein zu können. Wie man auch das Anliegen des ausländischen Bittstellers voll verstehe und uneingeschränkt unterstütze. Wie man aber schon lange darauf aufmerksam gemacht habe, dass die personelle und räumliche und finanzielle Ausstattung der Abteilung dazu leider nicht ausreiche. Wie man aber selbstverständlich bereit sei, langfristig für Sonderaufgaben zur Verfügung zu stehen, wenn die in der Anlage aufgeführten Verbesserungen der Infrastruktur hinsichtlich Planstellen, Gehältern, Raumverteilung und Mittelzuweisung endlich den Segen der Geschäftsleitung erhalten würden.

Nein, erfolgreiche Regenten regieren, indem sie das zulassen, was sich ohne ihr Eingreifen von selber durchsetzt. Ich werde Kouchner mit unserem Dieselproblem verschonen. „Drei Zeilen vom Hauptquartier" wird wie „Drei Zeilen vom Intendanten" zur geflügelten Antwort, wenn sich eine Zusage als wertlos erweist, weil sie an zu viele Bedingungen geknüpft ist.

Ahmed steht pünktlich jeden zweiten Tag in der Hotelhalle und sieht mich fragend an. Er fragt nach einem Job. Gelernter Kfz-Mechaniker, verheiratet, zwei Kinder. Zwei Jahre hat er in Deutschland gelebt und gearbeitet, bis er trotz guter Zeugnisse und Fürsprache seines Chefs zurückgeschickt wurde. Manchmal hilft er deutschen Fernsehteams. Er nehme jeden Job an, als Fahrer, Handyman, Übersetzer, er brauche unbedingt Arbeit und Brot. Er spricht deutsch mit schwäbischem Einschlag, aber ohne Englisch kann ich ihm „im Augenblick" nicht helfen. Hat er nicht von seinen guten Beziehungen gesprochen?

„Ahmed, wir brauchen Diesel."

„Wie viel? Zehn Liter? Hundert Liter?"

„Eher achttausend."

Ahmed kennt Leute. Diesel ließe sich vielleicht von Skopje rüberbringen, wenn der Grenzübertritt gemanagt werden könne. Ich schicke ihn nach Skopje. Mit Bargeld. Risiko, klar. 36 Stunden später holt er mich aus der mitternächtlichen Flaschenbierrunde der Studiomitarbeiter. Ein voller Tankwagen aus Skopje stehe vor der Tür. Wohin damit? Keine Ahnung. Der Wagen muss sofort nach Skopje zurück. Er habe aber einen Cousin, der besitze eine stillgelegte Tankstelle, den könne er mal fragen. Tu das. Früh um vier ist ein leerer Tank gefunden. Der Cousin will zehn Prozent der Füllmenge als Provision. Patrick hat inzwischen Beamte aus dem Schlaf geholt. Wir dürfen den Wagen auf einem bewachten Ämterparkplatz unterstellen, allerdings nur kurz. Der Fahrer schläft im Fahrerhaus und passt auf, dass ihm nichts abhanden kommt. Abzapfen ist große Mode in der Stadt. Den ganzen Tag Verhandlungen. Dann erkämpfen wir uns einen provisorischen „Regierungs"-Tank. Ahmed bekommt ein Honorar. Aber eine Stelle müssten wir jetzt für ihn finden, meint er, das sei doch das Mindeste ... „Tut mir leid, Ahmed, vielleicht später."

Binnen weniger Stunden Vorladung zum KFOR-Spezialisten, der keinen Diesel beschaffen konnte. Was an Gerüchten dran sei, dass wir in gigantischen Mengen auf dem Schwarzmarkt Diesel kaufen oder gar unter Umgehung der Einfuhrbestimmungen ins Land brächten. Er werde eine Untersuchung einleiten. Ab Mittag fährt uns allen der satte Generatorsound in die Knochen. Ausreichend Strom in gleichbleibender Stärke, pannensicher, 24 Stunden am Tag. Ein kleiner Schritt für den Menschen, ein großer zum neuen Rundfunk.

Monate später sitze ich als unbeteiligter Pensionist im „Casino" von RTK, einem umgebauten Lagerraum. Das Licht geht aus. Passiert immer noch zehn-, fünfzehnmal am Tag, werde ich aufgeklärt. Niemand zuckt auch nur mit der Wimper. Das Fernsehbild läuft weiter. „Wir haben 60 Sekunden Batteriekapazität für den Betrieb. Innerhalb dieser Zeit springt der Generator an." Tatsächlich, in weniger als einer Minute brodelt die Kaffeemaschine weiter. Der Zuschauer, wenn er denn Strom hat, merkt keine Unterbrechung im Programm. Die ganze Stadt dröhnt vom Sound ungezählter Generatoren. Restaurants werden danach ausgesucht, ob auch Strompannen überbrückt werden. Kosovo bleibt ein Land der Improvisation und der Improvisationskünstler.

Von A nach B

Eigentlich wollten wir ja nur ein Planungspapier schreiben. Jetzt sind wir mitten in den Sendevorbereitungen. Ich habe den Rat meines schwedischen Freundes Sven-Olof Ekholm in den Wind geschlagen: „Merk dir, in unserem Alter immer nur beraten, niemals in die operationelle Verantwortung!" Sven-Olof, du hast Recht, ich spür es in allen Gelenken. Um sechs Uhr früh der Muezzin, um Mitternacht die Slivowitz-Runde mit der Crew oder vertrauliche Zusammenkünfte – bei mir wird die Batterie leer. Ich werde den Sendebeginn als persönliche Ziellinie ansetzen und ein paar Wochen dazugeben. Dann muss mich jemand ablösen.

Die Schweiz präsentiert Kandidaten, will die auch finanzieren. Die Schweiz ist ohnehin eines der rührigsten Länder in der Medienhilfe, auch ohne UN-Mitgliedschaft. In Sarajevo finanzierten sie das, was das Fernsehen nicht schaffte, einen die ethnischen Grenzen überschreitenden wirksamen Hörfunksender (FERN). Mit einem deutschen Direktor, der Kroatisch konnte. Ich hatte mich immer gewundert, dass die Senderäume dieses Hauses immer fast leer waren, wenn ich sie besuchte. Erst spät kam ich darauf, dass viele Mitarbeiter meines eigenen öffentlichen Senders sich dort ein Zubrot verdienten und daher fluchtartig auf die Toiletten strömten, wenn ich auftauchte. Hier in Pristina finanziert eine Schweizer Stiftung mit dem poetischen Namen „Hirondelle" (Schwalbe) ein Hörfunkprogramm im Auftrag der UN. Genau das, was ich im Fernsehen vermeiden konnte – ein selbstständiger UN-Sender, inzwischen auch in den öffentlichen Rundfunk eingegliedert.

Eric Lehmann soll mein Nachfolger werden, Generaldirektor des schweizerischen Rundfunks. Erfahrener Journalist und Manager. Er hat schon zugesagt, braucht aber noch einige Wochen Vorbereitung.

Mein Argument ist: Wenn ihr später einen richtigen öffentlichen Rundfunk haben wollt, müsst ihr jetzt den Grundstein legen. Plan A. Ein Emergency Programme, ein Notstands-Programm. Feuerwehrprogramm, sagt Kouchner. Das läuft dann etwa neun bis zwölf Monate. Diese Zeit muss genutzt werden, um den eigentlichen Rundfunk aufzubauen. Plan B. Ohne A kein B. Aber A nicht ohne sichtbaren Ausblick auf B. B muss als eine tragfähige und unverzichtbare Säule eines dualen Systems gesehen werden. Duales was? *Duales System,* in dem kommerzielle und öffentliche Anbieter ihre unterschiedlichen Aufgaben im Wettbewerb, aber gleichberechtigt wahrnehmen. Wie in so gut wie allen demokratischen Ländern der Welt von Island bis Singapur.

„Aber nicht bei uns in Amerika, oder?"

„Doch, ihr habt PBS und NPR, Programmveranstalter von Weltruf."

„Aber die sind doch völlig unbedeutend."

„Quantitativ vielleicht, aber nicht qualitativ. Die Meinungsmacher, die Opinion Leader, die Agenda Setter, die Multiplikatoren sind alle Kunden vom ‚Public Service'."

„So, meinen Sie? Ist mir neu."

Jedes Lunch-Gespräch wird zur Werbeveranstaltung für einen öffentlichen Rundfunk.

Also sitze ich jetzt auch noch zusätzlich am Laptop, um in meiner Nebenfunktion als Berater von Kouchner und Co. einen überzeugenden Planungstext zu schreiben: Öffentlicher Rundfunk für *Kosovo,* von Phase A zu Phase B.

Die Welt ist nicht planbar –
trotzdem braucht sie Businesspläne

Die Welt als Projekt

Die Vorlesung, die ich über Jahrzehnte am hartnäckigsten anbot, trug den Arbeitstitel „Von der Idee zum Dauerbetrieb". Wie denkt man sich etwas aus, plant es, präsentiert es, setzt es durch, managt es, führt es schließlich zum Erfolg oder begleitet es zum Aus?

Ich bin kein Fiktionsschreiber, ich verdiente mein Brot als Erfinder, Verkäufer, Beschreiber und Auswerter von Wirklichkeit – Medienwirklichkeit, überwiegend.

Dabei habe ich an den verschiedensten Stufen von Projektverwirklichung mitgearbeitet und mitgeschrieben. Meine gesammelten Werke an Arbeits- und Betriebsprosa stehen in Umfang, Erfindungsreichtum, Brillanz und Vergänglichkeit denen vieler fiktionsschreibender Generationskollegen kaum nach.

Schon Jahrzehnte vor der Erfindung der Ich-AG rüttelte ich meine Studenten wach: Alles ist Projekt. Die Welt ist Projekt. Ihr Leben ist Projekt. Alles, wirklich alles, vom Abitur bis zur Partnerwahl, von der Mondlandung bis zur Vorabendserie, kann, muss geplant, „produziert", durchgesetzt, überwacht und ausgewertet werden.

Aber das Leben, die Welt sind doch unberechenbar und damit unplanbar!

Das ist richtig, aber der Plan ist ein Hilfsmittel der Wahrnehmung, der Beschreibung, der Analyse. Ich zitiere dann gern meinen ersten Kameramann beim Bayerischen Rundfunk, Rudi Busler, Gott hab ihn selig. Als ich ihn ängstlich bei einem meiner Erstlingsfilme vor überhöhtem Materialverbrauch warnte, gab er mir die esoterische Lebensweisheit mit auf den Weg: „Bevor dass i wos wegschmeiß, muass i's zerscht hobn!"

Also doch planen, wenn auch ohne Illusionen. Wie geschieht das? Wir schauten uns gelungene Projekte an, also solche, die sich durchgesetzt haben, von den Dritten Programmen über die Space Night und Arte bis zu Phönix und den morgendlichen lückenbüßenden Live-Nebel-Bildern aus bayerischen und österreichischen Fremdenverkehrs-Höhenregionen. Wir versuchten zu ergründen, warum andere schlüssige und überzeugende Projekte, z. B. gesamteuropäische Gemeinschaftsprogramme wie Europa-TV oder Koproduktionsprojekte wie die One World Broadcasting Group sich nicht halten konnten.

Das Ergebnis war ebenso eindeutig wie niederschmetternd. Es gibt in der Tat gelegentliche Produktgerechtigkeit: also gute Projekte, die sich durchsetzen, und schlechte Projekte, die auf der Strecke bleiben.

Aber es gibt genauso viel, nein mehr, brillante, sinnvolle Projekte ohne Verwirklichungschancen und überflüssige mit hoher Erfolgsquote.

Papier als Bestandteil der Wirklichkeit

Es mag ja sein, dass Papier und geschriebenes Wort als Informationsträger und Handlungsstimulanz an Reiz und Wirkung verlieren, zum Aussterben verurteilt sind. Aber auch das virtuellste, Power-point-freundliche Online-Parteiprogramm, auch die vielfarbigste Internet-Stellenbewerbung müssen erst geschrieben, mit Blei- oder Filzstift konzipiert werden, bevor sie sich multimedialisiert und vernetzt entfalten können.

Ich warne davor, sich mutwillig und zu früh von Papier zu trennen. Über die meisten Projekte wird nach wie vor auf der Grundlage von beschriebenem Papier entschieden.

Du hast eine Idee? Schreib sie auf!

Wir verfolgten den langen Weg, den eine Idee nehmen kann, meistens auch muss. Natürlich gibt 's die zündende Idee, die sofort den Sponsor, den Geld- und Auftraggeber, die öffentliche Aufmerksamkeit in ihren Bann zieht. Das ist eher selten.

In der Regel sagt der, dem Sie etwas vorschlagen: „Schreiben Sie mir das doch mal kurz auf."

Entwurf, Exposé, Treatment. Die erste Hürde. Ein Drahtseilakt: Sagst du zu viel, kann es dir – meist folgenlos – geklaut werden. Ideen sind frei. Sagst du zu wenig, wandert es in die Wiedervorlage, aus der es bekanntlich nur selten eine Auferstehung gibt. Das Exposé soll neugierig machen und zu weiteren Schritten ermutigen, eine Verbindung anknüpfen. Von der honorarfreien Unverbindlichkeit in die honorarpflichtige Verbindlichkeit führen. Die Reaktion soll sein: Der Mann/die Frau hat einen interessanten Vorschlag, mit dem/r sollten wir uns vielleicht mal unterhalten ... Ein

„Schimmel" muss hinein, eine „Unique Selling Proposition". Was könnte uns veranlassen, dieses Projekt a) überhaupt und b) mit denen zu machen, die es vorschlagen? Weil sie das Land kennen und seine Sprache, um die es geht. Weil sie das Vertrauen der Überlebenden aus dem Führerbunker erworben haben, die sie interviewen wollen.

Weil sie ausgewiesene Spezialisten oder erprobte Vermittler sind mit einer Latte erfolgreicher Projekte. Weil ein kenntnisreiches Mitglied des Rundfunkrates oder der Ferenczy sie empfiehlt.

Nach dem Exposé kommt das Treatment, in der Regel bereits gegen Rechnung. Das wird begutachtet von Menschen, die den Mittelverwalter vor Fehlentscheidungen bewahren sollen. Die er bei späterem Gelingen als irrelevant abtun, bei Fehlschlägen als mitverantwortlich auf die Guillotine schicken oder mindestens mitnehmen kann. Natürlich will er keinen Spieler ablehnen, der anderswo später zum Torjäger und Quotenbringer wird. Also gibt es Assessment Centers für Programm- und Personalvorschläge, „Lektoren" und hoch bezahlte Warner vor unkalkulierbaren Risiken. Ein Heer von Menschen, deren Berufserfolg darauf beruht, dass sie auf jeder späteren Auswertungskonferenz ein Schild vor sich aufstellen können: Ich hab 's ja gleich gesagt.

Nach der Treatment-Hürde wird es ernst. Die Projektstudie. Warum welche Menschen mit welchen Mitteln das hier so überzeugend, so unabweisbar und dringlich Beschriebene machen wollen oder sollten.

Projektstudien sagen, warum etwas anders gemacht werden soll als bisher oder warum neben allem, was es bereits gibt, etwas Neues gemacht werden soll, nein muss.

Wieder die Kunst der Mischung von Flexibilität und Verbindlichkeit.

Projektstudien stehen meist schon im Lichte der Öffentlichkeit. Sie rufen, wenn sie gut sind, Reaktionen hervor: Resolutionen von Redakteurskonferenzen, Seminare, Hearings, Delphi-Studien. Sie enthalten einen Stufenplan mit einer Stufe eins, die so tut, als sei nach ihr noch alles wieder rückholbar. Die Stufe eins kann ein Trockenversuch sein, ein Paper Trial, ein Pilotprojekt, ein Versuchsprogramm. Sie führt zum eigentlichen Business-Plan. Ohne Faxen: Mit wie viel Geld, wie viel Personal, wie viel Gerät, mit wie viel Quadratmetern Arbeitsfläche, Reise- und Telefonkosten ist das Projekt innerhalb welcher Frist zu realisieren? War in der Projektstudie noch milde Schönfärberei erlaubt über den Zeitpunkt, an dem sich das Projekt selbst tragen soll – das ist erklärtes Papier-Ziel fast aller Projekte – oder über die mögliche positive Reaktion der Adressaten, dann verlangt der Business-Plan genaue Stellen hinter dem Komma.

Meine Karriere als Studienautor

1962 leitete ich den ersten Unesco-Fortbildungskurs für afrikanische Rundfunkredakteure in Kampala, Uganda. Im stillgelegten Nakasero-Krankenhaus, der späteren Folterkammer von Idi Amin. Ein Traumjob, ein Traumland. Wie konnte man im unwirtlichen kalten Europa sein Fortkommen suchen, wo es auf der Welt Paradiese der Naturschönheit und des friedlichen Miteinanders wie in Uganda gab?

Der Leiter der örtlichen Rundfunkstation war Mike Wilson, ein ehemaliger englischer Kolonialoffizier. Er suchte meinen Rat. Wie man die Kosten für den Hörfunk verringern könne. In wie vielen Sprachen sendet ihr? In sieben? Das ist zu viel, zu teuer. In die Zukunft gedacht, könnten doch vier ausreichen. Englisch, das sowieso bald Welt- und Kommunikationssprache Nummer eins sein wird. Dazu Suaheli, das jeder im Land versteht. Dazu noch die zwei wichtigsten Landesdialekte.

Die Menschen in einem gemeinsamen Land sollten doch wenigstens eine Sprache gemeinsam sprechen. Langsam auf ihre Stammessprachen verzichten. Naiver Unesco-Grundsatz des medialen Nation Building. Wir machten einen Business-Plan. Mäßige, aber deutliche Einsparungen. Monate später traf ich Wilson auf einer internationalen Konferenz.

„Na, wie läuft unser Projekt?"

Der Ministerpräsident, damals Milton Obote, berichtet er mir, sei unerbittlich gewesen. Die Sprache der abservierten britischen Kolonialherren könne nicht Hauptprogrammsprache sein. Suaheli wiederum sei doch die Sprache der ehemaligen arabischen Sklavenhändler, die könne man den Menschen auch nicht zumuten. Außerdem müsse Rundfunk die größtmögliche Zahl von Sprachminderheiten bedienen. „Wir senden jetzt in 14 Sprachen."

Erst langsam verstand ich die Definition von Sprache, die mir auch auf dem Balkan wiederbegegnen sollte: Eine Sprache ist ein Dialekt mit einer Armee.

1969, kurz bevor Pakistan, dessen zwei Landesteile damals Indien im Osten und im Westen einrahmten, auseinander brach, überlegte die Regierung in Islamabad verzweifelt, wie man die staatliche Einheit der Muslime erhalten könne. Ließe sich die Entfernung vielleicht durch Satellitenkommunikation mildern oder erträglich machen? Eine Unesco-Expertenkommission wurde angefordert. Wir kamen gerade in die ersten Wellen des Bürgerkrieges. Natürlich sahen wir, dass ein Kommunikationssatellit der politischen Teilung nicht mehr würde entgegenwirken können. Also machten wir Vorschläge für die Nutzung von Satellitenkapazitäten im nationalen Rahmen, über Kooperation zwischen muslimischen Ländern allgemein, über Programmaustausch, die dann in den allgemeinen Wirren untergingen.

Unter Arabern

Der Ägypter Hamdy Kandil war erst Moderator im ägyptischen Fernsehen, dann Generalsekretär der arabischen Rundfunkunion, dann zuständig in der Unesco für „Free and balanced Flow of Information." Die „Free Flow"-Debatte, heute in den neu zu ordnenden und informationshungrigen Ostländern wieder brandaktuell, hat vor der Wende jahrelang die internationale Mediendebatte dominiert. Freier Fluss von Informationen, sagen die Amerikaner, sagen heute wieder unzählige World-Watch-Organisationen, darf nicht von Regierungen gefördert oder behindert werden, ist dem freien Markt zu überlassen, der allein die Informationsfreiheit in jeder Lage zu garantieren imstande ist.

Mitnichten, sagen unbeirrte Gegenstimmen, zu denen ich mich zähle und die sich viele Jahre in der Unesco konzentrierten. Wir reden nicht nur von „Free Flow of paid Information", also davon, dass jeder Medienunternehmer seine Ware überall dort verbreiten darf, wo er Geld damit verdienen kann. Wir reden von Kommunikationsfreiheit als einem Grundrecht. Ich darf nicht nur Meinungen haben oder die Meinungen des „Wall Street Journal" konsumieren. Ich darf auch meine eigenen Meinungen verbreiten und dafür Unterstützung einfordern. Nicht nur „Free Flow of Information" wird gebraucht, sondern „Free and balanced Flow", ein ausgewogener Informationsfluss, der die Welt nicht weiter in Informationsinhaber und Informationsbedürftige aufspaltet. Dass die Unesco ständig von „Kommunikation" sprach, also von einem Prozess, in dem Sender und Empfänger kooperieren, dass sie den *ausgewogenen* Informationsfluss forderte, der die Beteiligung aller Länder sichert, war und ist für viele, leider meist regierende Amerikaner und ihren beflissenen Anhang ein rotes

Tuch. Die Debatte endete damit, dass die USA 1984 aus der Unesco austraten. Erst 2002, als die Organisation in allen Bereichen „reformiert und gesundgeschrumpft", also zurechtgestutzt war, traten sie wieder ein. Dass die Vereinigten Staaten sich internationalen Verpflichtungen gern entziehen, vom Weltklimagipfel bis zum internationalen Tribunal, hat Tradition und System.

Zu Amerikas Ehre muss gesagt werden, dass viele der intelligentesten und schärfsten Kritiker dieser Positionen im eigenen Lande sitzen, aber sich bisher nur selten durchsetzen konnten. Auf die gebetsmühlenartigen Anbetungsformeln des ungehemmten privatwirtschaftlichen freien Flusses antworte ich gerne: „Alles klar; dass das österreichische Fernsehen seine Ausstrahlungen über die deutsche Grenze drosseln und unterbinden muss, ist ein Ausdruck der Informationsfreiheit."

Hamdy Kandil schickte mich immer wieder auf „Mission" in arabische Länder. Unter anderem versuchten wir die Arabische Liga und die arabischen Rundfunkanstalten davon zu überzeugen, dass Kommunikationssatelliten ein gewaltiges Potenzial zur Förderung von Zusammenarbeit, von Kultur und Bildung darstellen.

Expertenreisen als Bildungserlebnis

In den arabischen Ländern war mein Partner häufig Saad Labib, ein drahtiger, schmächtiger, penetrant höflicher Ägypter, unter Nasser Intendant des ägyptischen Rundfunks. Reisen mit ihm war ein hochrangiges Bildungserlebnis.

Der Mann, der uns am Flughafen abholte, elegant und international gekleidet, mit Krawatte, Englisch und Französisch fließend sprechend, gelegentlich auch Deutsch, war in der Regel ein emigrierter Palästinenser. Der führte uns in den Versammlungssaal des örtlichen Direktors: ein Schreibtisch, unzählige Polstersessel an den Wänden, als Getränk die unvermeidliche Zuckerlösung mit Pfefferminzteegeschmack. Der Direktor kann kaum Englisch, stellt uns aber einen Dienstwagen zur Verfügung. Vor seiner Tür kauert am Boden, in weiße Tücher gehüllt, ein alter Mann und spielt versunken mit seiner Gebetsperlenschnur. „Der Scheich sagt hinterher, ob unsere Arbeit erwünscht und segensreich ist, also verbeug dich!", flüstert Saad und erweist seine Reverenz. Beim ersten Intendantenplausch bin ich verblüfft und fast ärgerlich, wie wenig Fragen Saad stellt.

„Hast du den Mann in der Ecke gesehen, der sich Notizen gemacht hat? Das ist ein Freund aus Kairo, zurzeit hier als Berater angestellt. Bei dem sind wir heute Abend zum Essen eingeladen. Der wird uns erzählen, wie der Laden hier läuft." So ist es dann auch, der ägyptische Berater kann in gebrochenem Englisch alle Fakten und Daten und Zahlen ausspucken, die wir für unseren Business-Plan brauchen.

Im Funkhaus von Kuwait treffe ich eines Tages freudig verblüfft meinen Freund Wahlid Yahya, der dort zeitweise Unterschlupf gefunden hat. Er hat früher viele Jahre lang von Tunis aus den weltweiten Satellitenaustausch der Arabischen Rundfunkunion organisiert. Oft habe ich mit ihm über die lösbaren und unlösbaren Verstrickungen der Palästina-Frage diskutiert. Dem Intendanten lasse ich übersetzen: „Warum haben Sie mich einfliegen lassen, wo doch zwei Stockwerke unter ihnen einer der besten Satellitenspezialisten der Welt arbeitet, von dem ich viel gelernt habe?"

Später, als mich Wahlid mit den Zukunftsperspektiven des arabischen Satellitensystems ARABSAT vertraut macht, kommt ein Sandsturm auf. Roter Staub verdunkelt die Sonne und trotz geschlossener Fenster die Neon-Röhren im Zimmer. Wir treten ans Fenster, schauen lange wortlos auf das Naturschauspiel. „So", sagt Wahlid schließlich, „und jetzt frag mich noch mal, warum ich wieder zu Hause in Haifa leben will." Er lebt jetzt übrigens in Kanada.

Projektstudien für Europa

Die meisten und herzbluterfülltesten Projektstudien schrieb ich – mit anderen, versteht sich – für europäische Programme, für die Figur eines eigenständigen Europäischen Programms. Mit kapitalem E. Schon Ende der sechziger Jahre hatten Edouard Haas aus Bern, Vittorio Boni aus Rom, Neville Clarke aus London und ich eine Vision: Wenn eines Tages Europa käme, ein wirkliches Europa, nicht nur ein gemeinschaftlicher Wirtschaftsraum mit kräftigem Militärausleger, dann würde ein europäisches Programm unvermeidlich sein. Jedes Mitglied der EBU würde ein Prozent seines Programmetats in europataugliche Programme anlegen und auf einem gemeinsamen europäischen Kanal ausstrahlen. Nein, es ist kein Europaprogramm, wenn die italienische RAI ihre besten Sendungen für die im Ausland lebenden Landsleute europaweit auf einen Kanal legt oder die Türkei. Nein, es ist kein Europaprogramm, wenn die Deutsche Welle

Deutsches für Europa sendet. Schon gar nicht, wenn wir die BBC-Philosophie betrachten: „Europaprogamm heißt, ihr dürft jetzt an unseren anerkannt einmaligen Weltspitzenprogrammen partizipieren. Wie im Zweiten Weltkrieg, da war auch ganz Europa um die BBC geschart und auf sie angewiesen. Euren eigenen Schrott versendet ihr bitte in euren eigenen Provinzen, aber keinesfalls bei uns." Die Franzosen waren nur wenig besser: Europäische Kultur heißt verbesserte Teilhabe an der richtungweisenden französischen. Und schon gar nicht sind es Europaprogramme, wenn internationale Multis mit grenzüberschreitenden Weltprogramm-Menüs versuchen, den hiesigen Werbemarkt abzugreifen.

Nein: Europaprogramm heißt, den Nachbarn anschauen, sich selber anschauen lassen. Heißt geben und nehmen. Wer das nicht will, soll wenigstens zugeben, dass er nicht gegen ein Europaprogramm ist, sondern gegen Europa. Die Auseinandersetzung scheint abgeflaut, die nationalen Überreichweiten- und die globalen Werbemarktstrategie-Programme haben (vorerst) die Nase vorn. Der Frage „Wie viele Gemeinsamkeiten haben wir tatsächlich und wie lassen die sich medial darstellen und verstärken?" kann, denke ich, auf Dauer nicht ausgewichen werden.

Zehn Schritte in die Kosovo-Zukunft

Jetzt sitze ich also auf meinem unbequemen Intendantenhocker in Pristina und muss, während die anderen den Kopf voll haben mit Programmvorbereitung, eine Brücke bauen vom Provisorischen zum Dauerhaften. Ich skizziere die wichtigsten Zukunftsaufgaben.

1. Bestandsaufnahme: Was ist noch vorhanden, was ist noch brauchbar?
2. Überführung des Notstandsprogramms in ein dauerhaftes Programmangebot.
3. Schaffung von rundfunkgesetzlichen Regelungen, die vor allem so schnell wie möglich zur Wiederbelebung der Rundfunkgebühr, also der Zahlungspflicht für alle Rundfunknutzer, führen.
4. Wiederaufbau von terrestrischen Sendekapazitäten.
5. Wiederherstellung und Sanierung der Rundfunkgebäude.
6. Installation von modernem Management und Personalentwicklung, unter Einbeziehung von Ausbildung und Fortbildung.

7. Auf- und Ausbau der technischen und produktionstechnischen Einrichtungen.
8. Entwicklung einer modernen Programmstruktur, die die Nachrichtenversorgung sicherstellt, die bevorstehenden Wahlen vorbereitet und begleitet.
9. Aufbau von internationalen Beziehungen zur Erleichterung der Programmbeschaffung, unter Nutzung der Programmressourcen der EBU, zur Verbesserung von Beratung und Ausbildung.
10. Präsentation eines detaillierten Business-Plans, der den erforderlichen Finanz-, Personal- und Zeitplan bis zur finanziellen Unabhängigkeit darstellt.

Wenn sich diese Aufzählung, die nach Bedarf auf sieben Punkte verringert oder auf 15 angehoben werden kann, wie eine Liste von selbstverständlichen Banalitäten liest, dann ist sie richtig konzipiert. Sie soll offen sein für Ergebnisse der weiteren Diskussion. Sie soll zuerst Kopfschütteln vermeiden, dann Kopfnicken und schließlich den Griff zur Brieftasche erleichtern. Trotzdem ist unschwer zu erkennen, dass jede Überschrift auf präzise Ziele, auf notwendige, oft umstrittene Grundsatzentscheidungen, auf unvermeidliche Meinungsunterschiede und letztlich auf einen mit der Umsetzung verbundenen Haushaltstitel verweist.

Ich nehme den möglichen Zielkonflikt gleich in den ersten Satz auf: „Die UN-Friedensmission hat sich entschieden, demokratische und pluralistische Medien ins Kosova zurückzubringen. Für den Rundfunk heißt das, dass ein duales System geschaffen wird, in dem kommerzielle Dienste neben öffentlichem Rundfunk bestehen werden." Eine Aneinanderreihung von tatsächlichen und potenziellen Konfliktstoffen, angefangen von der Beschreibung der Kouchner-Administration als Friedensmission und der Annahme, dass diese im Vorgriff auf spätere nationale Willensbildungen vorgreifend medienpolitische Grundsatzfragen dauerhaft entscheiden müsse und dürfe.

Mir ist wichtig, dass der kritische und zum Geben aufgeforderte Leser, denn der ist in erster Linie angesprochen, die Ouvertüre nicht mit der eigentlichen Oper verwechselt. Das Notstandsprogramm ist schnell, einfach, kostengünstig. (Hastig hingeschludert, primitiv, unprofessionell und billig, werden die Gegner schnell und unvermeidbar daraus machen.) Wir nehmen Mängel und Defizite in Kauf, kennen sie, benennen sie und arbeiten im Zuge der Anschubfinanzierung an Qualitäts- und Niveausteigerung.

Wer A sagt, muss auch B sagen, ist die Message. Und B wird nicht ohne erhebliche Anstrengungen, nicht ohne Aufwand und internationale Aufbauhilfe zu haben sein.

Ich hoffe, ich konnte die eigenen, mir lebenslang erteilten Lektionen beherzigen und umsetzen.

Endspurt zum umstrittenen Programmstart

Die beste Werbung – sichtbare Fernsehteams

Unsere Fernsehteams gehören langsam zum Stadtbild. Machen auch erste Abstecher in die Provinz. Mit rotem und gelbem Klebeband haben wir die Buchstaben RTK auf die Kameras aufgeklebt. Die Aufnahmeteams elektrisieren die Stadt. Sie sind wandelnde Litfasssäulen. Die machen offenbar doch das wahr, was ihnen keiner zutraut: Sie produzieren. Wir sind in Schulen und bei öffentlichen Veranstaltungen. Wir verfolgen Experten bei der Reinigung von Brunnenschächten, in die alles von Leichen bis zu Kriegsschutt aller Art entsorgt wurde. Wir geben anschließend Ratschläge, wie man den eigenen Brunnen säubern, prüfen und wieder in Betrieb nehmen kann. Wir sehen – vorsichtig – beim Minenräumen zu.

Ein Textilgeschäft macht wieder auf. Interview: Was gibt es zu kaufen, wo kommt die Ware her, wer kauft?

Im Stadion ein Freundschaftsspiel zwischen italienischen Friedenstruppen und einer albanischen Auswahl. Die Begegnung endet völkerverbindend eins zu eins. Eine unserer Nachwuchsreporterinnen hat ihr Interesse an Sport bekundet, Fußball inklusive. Sie macht den Bericht, kommentiert, interviewt. Zeichen des Unverständnisses: Jetzt bekommen wir endlich Fernsehen, und wer kommentiert darin Fußball? Eine Frau!

Brückenbau. Interviews mit Vertretern von Behörden und Hilfsorganisationen. Während die zukünftigen Zuschauer unsere Arbeit erwartungsfroh mit Interesse und Begeisterung verfolgen, beginnt hinter unserem Rücken wieder das Gewisper der Kritiker in Kouchners Vorzimmer. „Wie wir befürchtet haben: die falschen Leute mit dem falschen Gerät am falschen Ort mit falschen Themen."

Ich bitte Mrs. Holdit, den OSZE-Medienwächter Davidson ins Studio zu holen und ihn am Entstehen einiger Beispiele teilhaben zu lassen. Mrs. Holdit hat erstens keine Zeit, zweitens kann sie nicht zulassen, dass ein von ihr verantworteter Beitrag vorher gezeigt wird. Das sei ja wie Zensur. Weiß sie nicht, dass auch ohne unser Zutun jeder unserer Schritte beobachtet und kommentiert wird? Wir sind das transparenteste Unternehmen der Stadt. Ich ziehe los und hole Davidson. Man kann förmlich spüren, welcher Stein ihm vom Herzen fällt, als er die ersten schmucklosen, aber brauchbaren Beiträge sieht. Er hält uns – wieder einmal – den Rücken frei vom konzertierten Dauerbeschuss.

Bujar, der unsichtbare Freund

Bujar Bukoshi, Jahrgang 1957, kannte ich von zahlreichen öffentlichen Auftritten in Deutschland. Er war der seriöse, silberhaarige, immer gut gekleidete, verbindliche Sprecher der Kosovaren im Exil. Sein geschliffenes Deutsch, sein verbindliches Auftreten sicherten ihm Aufmerksamkeit und Wohlwollen schon zu einer Zeit, in der noch serbische Mitdiskutanten oder Gefolgsleute, von denen er sich nicht provozieren ließ, an der Diskussion in Deutschland wortreich beteiligt waren und ein Kosovo-Problem unbeirrt leugneten.

Er hatte zwei Visitenkarten: eine, die ihn als ordentlichen niedergelassenen Urologen in Bonn auswies. Auf der anderen stand als Beruf Ministerpräsident. Dazu hatte ihn Untergrund-Staatspräsident Rugova 1992 ernannt. Wenn Kouchner von den zwei Parallelregierungen sprach, mit denen er sich auseinander zu setzen habe, meinte er einerseits Rugova/Bukoshi, andererseits den von den Albanern unterstützten UCK-Führer Thaci.

Lange Zeit Mitstreiter von Rugova, setzte sich Bukoshi im Vorfeld der Wahlen 2000 von ihm ab, erhielt keinen Listenplatz für die nationale Parlamentswahl, stellte allerdings auch keine eigene Liste auf und lebt zurzeit als Privatmann und Arzt in Pristina.

Während des Krieges war er der Mann, der in den europäischen Ländern das erhob, was die einen als legitime „Parallelsteuer" zur Erkämpfung der Unabhängigkeit, die anderen als „Schutzgeld" bezeichneten. Jeder im Ausland lebende Kosovare war nachdrücklich aufgefordert, zu diesem Fonds des nationalen Widerstands mehr oder weniger freiwillig beizutragen.

Nach dem Krieg kehrte er nach Pristina zurück, schlief bei seiner Schwester auf einem Klappbett und residierte, wie alle politischen Führer, in einem schwer bewachten Parteihaus im oberen Stockwerk.

Als ich erstmals an den Wachen und vergitterten Absperrungen vorbei zu ihm vordringe, tippt er mir zuerst an den Bauch und sagt: „Wenn du nicht abnimmst, wirst du nie ohne Stock gehen können." Er erweist sich als unbeugsamer und kompromissloser Förderer einer an Europa orientierten kosovarischen Unabhängigkeit. Da er Kosova als eine relativ hoch entwickelte Provinz ansieht, will er weder eine Vereinigung mit den ärmeren albanischen Brüdern und Schwestern, noch träumt er von Großalbanien, noch sieht er in naher und fernerer Zukunft Spielraum für eine wie immer geartete Zusammenarbeit mit Serben und Serbien. „Und wenn in Belgrad Demokraten regieren, deren Ziele den eurigen entsprechen?", frage ich ihn.

„Mit denen wird 's noch leichter sein, auf unserer Unabhängigkeit zu bestehen." An Rugova stört ihn, dass der nach dem „Sieg" dem Personenkult verfallen sei, seiner Partei keine rationalen Strukturen vorgebe und sie als unkritische Gefolgschaft ansehe und behandle. Sein Vorbild einer erfolgreichen demokratischen Partei ist, ich kann es nicht verschweigen, die CSU.

„Na ja, sage ich, du wirst zu einer Art Heiner Geißler deiner Partei. Hoch geachtet, aber ohne Amt."

„Abwarten."

Inzwischen hat er eine eigene Partei gegründet und setzt seine Hoffnung auf kommende Wahlen.

Als wir einmal gemeinsam zum Flughafen fahren, nicht wissend, ob wir vor Sonnenuntergang von Pristina wegkommen oder uns den Weg nach Skopje bahnen müssen, ist die Straße gesperrt. In einer serbischen Enklave hat es ein Attentat gegeben, zwei Serben wurden getötet. Jetzt haben die Serben aus Protest die Durchfahrt gesperrt. Bujar macht mit mir – und einigen anderen – eine atemberaubende Umwegfahrt durch eine Region der totalen und ungehemmten Zerstörung. Zusammengeschossene und abgefackelte Dörfer, das ganze Arsenal der hasserfüllten Sinnlosigkeit. Er kommentiert, erläutert knapp, sachlich und ohne merkliche Emotionen. Von den 750 Dörfern der Provinz seien 600 beschossen und/oder gebrandschatzt und ganz oder teilweise entvölkert worden. Im Kosovo habe es 250 000 Häuser gegeben, davon seien 120 000 zerstört oder beschädigt. Politik der verbrannten Erde. Er spricht von den fast unerträglichen Anforderungen an die Menschen beim Wiederaufbau, weist uns aber auch auf die zahlreichen Gebäude hin, an denen – teilweise mit primitivsten Mitteln – saniert, gestrichen, repariert, wieder aufgebaut oder neu gebaut wird. Ich muss ihm zustimmen: Die Menschen sind hier zäher und weniger lamentierbereit als ich es in Teilen Bosniens gesehen habe.

Bei einem Stopp in einem Dorf kann ich seine ungebrochene Popularität spüren. Mit Windeseile spricht sich die Anwesenheit des „Präsidenten" herum. Die Dorfbewohner bringen Brot, Wurst, Käse, auch eine Flasche Wein. Sie verwickeln ihn in Diskussionen, Lachen kommt auf.

Damals, 1999, war Bujar der erste und einzige Politiker, der mir und meinem Fernsehprojekt – leider nur im persönlichen Gespräch – ohne Einschränkung zustimmte. Nach außen, meinte er, wäre es besser, wenn unsere regelmäßigen Zusammenkünfte nicht an die große Glocke gehängt würden. Zitieren dürfe ich ihn nicht, und er könne auch jetzt nicht öffentlich Partei ergreifen – noch nicht.

„Aber du musst unbedingt an deinem Konzept festhalten. Wir brauchen einen neuen modernen Rundfunk, der sich in Europa sehen und hören lassen kann. Halte dir die ehemaligen Mitarbeiter vom Leib, sind doch alles alte Kommunisten." Na, das war er wohl früher auch einmal.

Bukoshis Parallelsteuer –
wo sind unsere Spenden hingekommen?

Moralisch unterstützt gehe ich von dannen, lasse mir weiterhin erzählen, wie ahnungslos ich bin. Nutze aber den Kontakt mit ihm, um so viel als möglich über die laufenden politischen Verrenkungen zu erfahren.

Inzwischen kann sich Bujar wieder öffentlich mit mir sehen lassen. Bei einem meiner letzten Besuche in seiner Festung erklärt er mir sein Finanzsystem. Nationale Stiftungen in jedem Land, um die „Spenden" einzusammeln und zu verwalten. Sie flössen nach dem Feldzug immer spärlicher. Das spricht eigentlich dagegen, dass er, wie seine Gegner immer wieder behaupten, das Geld überwiegend erpresst habe. Der deutsche Stiftungswart ist ein Altenpfleger aus Bayern. Der italienische ein ergrauter Emigrant, der mir von den glücklichen Zeiten der deutschen und italienischen Besatzung in Albanien und im Kosovo vorschwärmt: Die Ordnung. Die Waffenbrüderschaft gegen die Serben. Der gemeinsame Kampf für ein kommunistenfreies Europa.

„Ein deutscher Soldat hat ein albanisches Mädchen vergewaltigt. Ein Militärgericht hat ihn auf der Stelle zum Tod verurteilt. Da sind die Geschädigte und ihre Familie zum Kommandanten gezogen und haben um Milde gefleht. Da ist der Soldat begnadigt worden."

Auch Geschichten dieser Art gehören zur Kriegsfolklore des Balkan, tauchen immer wieder auf. Ist ja auch nicht auszuschließen, dass eine frühe Besatzung im Zweiten Weltkrieg Teilen der Bevölkerung tatsächlich vorübergehend Entlastung brachte.

„Bujar", beginne ich bei einem Gespräch „wenn ich die Leute im Land über dich befrage, höre ich immer wieder zwei Meinungen."

„Bin ich aber gespannt ..."

„Die einen sagen, du hättest kein Geld mehr, tätest aber so, als hättest du noch welches."

„Und die anderen?

„Die sagen, du hättest noch jede Menge Geld, tätest aber so, als hättest du keines mehr."

Gelächter: „Natürlich haben die Ersteren Recht!"

Wochen später bittet mich Bujar zu sich. Übergibt mir den Entwurf für ein großformatiges Zahlenwerk in Albanisch und Englisch, das er sicher nicht nur aufgrund unserer Gespräche publizieren will.

Eine Aufstellung über alle Projekte, die er aus seinem Spendentopf finanziert hat. UFORK nennt er die Dachorganisation seiner Stiftungen. „Union of Funds for the Rebuilding of Kosovo". Kosovo mit o.

144 Projekte. Es beginnt mit der Unterstützung von Familien, deren Angehörige sich in serbischer Haft befinden. Flüchtlingshilfe, Baumaterialien für Häuser, Krankenhäuser und Schulen. Wasserversorgung. 5000 Euro für die Neuformierung des Kinderchores Xixilonja in Pristina. Dass Bukoshi den Satellitentransponder für das albanische Fernsehen aus Tirana finanziert hat, damit auch in der Zeit der Unterdrückung albanischsprachiges Fernsehen empfangen werden konnte, geht aus der Aufstellung nicht hervor. „Hab ich gemacht, richtig", sagt Bujar auf Befragen. Hat er nicht gemacht, sagen mir „gut informierte albanische Kreise". Er habe nur große Töne gespuckt, aber die Satellitenrechnungen selten bezahlt.

Der größte Brocken sind drei Millionen Euro für die Dardania Bank in Tirana, die einmal als Nationalbank in den Kosovo zurückkehren sollte. Vermutlich in den albanischen Finanzwirren untergegangen. Mittel zum Kauf von Waffen oder zur Unterstützung der UCK sind natürlich keine ausgewiesen.

Gesamtsumme 24 Millionen Euro, beachtlich. „Unbedingt veröffentlichen", meine ich, „auch wenn es deine Gegner und Kritiker nicht zum Schweigen bringen wird."

In vielen Publikationen wird das Gesamtvolumen der exilalbanischen Finanzspritzen auf ein Vielfaches davon geschätzt.

Das neueste und spektakulärste Projekt ist noch nicht enthalten: der Bau eines Denkmals für den albanischen Nationalhelden Skanderbeg, das neueste Nachkriegs-Wahrzeichen von Pristina.

„Bujar, ich brauche Geld"

Im Jahr 2001 komme ich selber als Bittsteller zu Bujar. „Bujar, ich brauche Geld von dir!" Die Wahlen haben stattgefunden, RTK konnte als der große Hilfsmotor der Information für die Vorbereitung und Durchführung der Wahlen seine Position festigen. In den entscheidenden Phasen täglich eine Stunde Sondersendungen, aus dem Wahletat finanziert. Es war richtig, die Wahlen hinauszuzögern, erst stabilere Verhältnisse abzuwarten. Das Ergebnis ist ein klarer Sieg für Rugovas Demokratische Liga LDK (47 von 120 Sitzen). Thaci, der kurz nach dem Krieg wie der sichere Sieger aussah, erhält mit seiner Vereinigten Demokratischen Liga, die aus der UCK gespeist wird, 26 Sitze, die Serben, die das Parlament allerdings immer wieder boykottieren, 20. Die westliche Presse überschlägt sich mit Kommentaren über die Unberechenbarkeit und Instabilität des Parlaments. Bujar urteilt: „Ich denke, das Parlament ist ein Hilfsmittel für die Einübung von Demokratie. Rugova muss das Einmaleins des Parlamentarismus erlernen. Dass man nichts durchsetzen kann, für das es keine Mehrheit gibt." Das geschieht dann, wenn auch mit Verzögerung.

RTK überträgt direkt aus dem Parlament. Zahlt auch die Kosten für die Übertragung, lässt dann die private Konkurrenz das Bild übernehmen, besteht aber darauf, dass die Quelle sichtbar bleibt: ein RTK-Produktionslogo in der linken oberen Bildschirmecke. Das wollen die Privaten nicht. Sie versuchen, das RTK-Logo mit ihrem eigenen zu überblenden. Ich nehme an einer Sitzung teil, in der das besprochen wird. Die Techniker bieten an, das RTK-Logo springen zu lassen – von einer Ecke in die andere. „Man soll doch im Land sehen, wer den Zuschauer bedient und dafür Geld ausgibt." Richard Lucas, der umsichtige und im Gehen begriffene letzte „Besatzungs"-Intendant, rät ab: „Die, auf die es ankommt, wissen, dass wir das Signal liefern. Den Zuschauer würde ein Logo-Gefecht irritieren."

Die Parlamentsübertragungen finden ein überwältigendes Echo. Besonders die Auslandskosovaren melden sich per Fax, E-Mail und Telefon: weiter so! Die Satellitenübertragung erfordert aber eine Ausweitung der gebuchten Satellitenzeiten. Extrakosten etwa 36 000 Euro pro Monat. Haben wir nicht. Antrag bei der Regierung auf einen Zuschuss. Abgelehnt. Nein, nicht abgelehnt, hinausgeschoben. Der Sender entschließt sich, die Satellitenübertragung nicht fortzusetzen. Protestwelle aus dem Ausland. Ich biete an, Bukoshi zu fragen. Der lässt sich alles genau erklären. „Du kannst dann auch einblenden, dass deine Stiftung die internationale Übertragung sponsert! Du kannst das stundenweise übernehmen, tageweise oder monatsweise", verspreche ich ihm.

Zu einer schnellen Entscheidung kann ich ihn nicht bewegen. Er sei verhandlungsbereit, die neue Führung müsse eben in geeigneter Form an ihn herantreten.

Verschieben – kommt nicht in Frage

Täglich kommt jemand, von außen oder aus dem Team, mit dem Vorschlag, den Starttermin zu verschieben. Dies oder jenes könnte noch geklärt, dies oder jenes noch beschafft und verbessert werden. Auch unsere UN-Programmpartner erklären, sie brauchten zur Organisation ihrer Zulieferungen noch Zeit. Alles richtig, aber der Frühstart ist unser größter Trumpf, den dürfen wir nicht aus der Hand geben.

Am Donnerstag, 16. September 1999, trete ich vor die Presse. Der Konferenzraum im Hotel Grand ist gut gefüllt.

„Kosova", beginne ich, „ist in den letzten Monaten zu einem Symbol der Hoffnung für viele Menschen geworden. Hoffnung, dass Dinge sich ändern können. Hoffnung, dass Wunden heilen können. Hoffnung auf eine erneuerte internationale Solidarität im Kampf um Demokratie und Menschenrechte. Hoffnung, dass das Heute besser ist als das Gestern und das Morgen besser sein wird als das Heute. Hoffnung, dass immer mehr Ihrer jungen Menschen sich entscheiden werden, im Land zu bleiben und an der Zukunft einer demokratischen Zivilgesellschaft mitzuarbeiten.

Ohne erneuerte Medien wird es keine erneuerte Gesellschaft geben. Ohne einen öffentlichen Rundfunkdienst wird es keine demokratische Medienlandschaft geben. Ein öffentlicher Dienst ist einer, der weder der Regierung gehört noch privaten Investoren, die sich von ihren Investitionen interessante Renditen versprechen. Öffentlicher Rundfunk gehört den Menschen, für die er sendet und die ihn auch eines Tages wieder über eine Rundfunkgebühr – wie in allen Ländern Europas – finanzieren werden.

RTK wird zur Entwicklung demokratischer und pluralistischer Medien im Lande durch sein Notstandsprogramm beitragen.

Am kommenden Sonntag um 19 Uhr wird das Fernsehen zum kosovarischen Volk zurückkehren."

Wir erklären noch einmal zum Mitschreiben, dass wir über einen Eutelsat-Satelliten senden, der in der Position 16 Grad Ost steht, genau dort, von wo auch das albanische Fernsehen und andere regionale Programme empfangbar sind.

„Der neue Dienst wird im Auftrag von UN und OSZE von der EBU getragen. Die EBU ist die wichtigste Vereinigung von Veranstaltern von öffentlichem Rundfunk, sie ist eine Nonprofit-Organisation, die keinen Gewinn anstrebt, und ein führender internationaler Dienstleister für die Bereitstellung von technischem Gerät und von Programmleistungen. RTK hat uneingeschränkten Zugang zum Nachrichtenaustausch der UER, dem weltweit bedeutendsten System für Programmaustausch und technische Hilfsleistungen. Reuters, eine der wichtigsten Agenturen weltweit, gestattet uns bis auf weiteres die kostenlose Nutzung von großen Teilen ihres Angebots.

Wir setzen uns vier Ziele:

1. Wir bringen dem gesamten Land und der gesamten Region Informationen über und aus dem Kosova, von Kosovaren produziert.

2. Wir informieren über die Arbeit der internationalen Gemeinschaft und die verschiedensten Organisationen, die derzeit die Regierung über Kosova ausüben.

3. Wir legen die Fundamente für einen zukünftigen und sich selbst erhaltenden öffentlichen Dienst, der die Bedürfnisse und Hoffnungen der gesamten Bevölkerung aufnimmt und darstellt.

4. Wir integrieren durch Ausbildung und Fortbildung örtliche Fachkräfte im Betrieb moderner Rundfunkverfahren, so dass die kleine Zahl ausländischer Fachleute, mich eingeschlossen, die gegenwärtig noch am Aufbau von RTK teilnehmen, sobald als möglich von kompetenten örtlichen Mitarbeitern abgelöst werden können.

Warum nennen wir uns Notstandsprogramm? Weil der Bevölkerung ein harter Winter bevorsteht und sie die unerlässlichen Informationen darüber braucht, was die Interimsregierung tut, wie für Nahrung, Unterkunft, sauberes Wasser, Warentransport, Heizung und andere lebensnotwendige Erfordernisse des täglichen Lebens vorgesorgt wird.

Der Dienst musste schnell, einfach und wirtschaftlich sein.

Er stellt nur einen ersten Schritt dar in Richtung auf den Aufbau eines umfassenden öffentlichen Rundfunksystems. Dies wird noch viele Monate und erhebliche Finanzmittel in Anspruch nehmen.

Er eröffnet ein neues Zeitalter der demokratischen Kommunikation im Lande und wir arbeiten an einem Programm, das der Zuschauer nicht nur braucht, sondern das ihm auch Freude machen wird."

Ich danke den Menschen und Dienststellen, die uns bei unserem Blitzstart geholfen haben. Insbesondere der Regierung von Norwegen für eine erste Zuschussrate, die ausdrücklich an die Einführung eines Public Service gebunden ist.

Mrs. Holdit gibt Auskunft über das Eröffnungsprogramm und über die Planung für die nächsten vorhersehbaren Tage. Mehrfach muss ich moderierend eingreifen. Zum Beispiel wenn sie stolzgeschwellt erzählt, dass ihre jungen Mitarbeiter ziemlich unbedarft, aber von ihr „binnen weniger Tage" zur Profireife gebracht worden seien. Oder wenn sie die Frage nach einem möglichen türkischen Minderheitenprogramm mit dem Hinweis beantwortet, dass wir das zwar nicht hätten, aber eine „Halbtürkin" beschäftigten.

Es kommen nur wenige Fragen. Meine Erklärung markiert die Absage an jeden Versuch von Vertagung, von Verwässerung, worauf viele insgeheim gehofft hatten.

Petar ist der Versammlung ferngeblieben, er schickt einen älteren Kollegen vor. Der fragt erwartungsgemäß, ob wir unsere Pläne mit den ehemaligen Mitarbeitern abgesprochen hätten.

Wir seien, sage ich, im ständigen Gespräch und würden im Zuge der weiteren Entwicklung zahlreiche Mitarbeiter aus dem Reservoir der Ehemaligen benötigen. Aber nein, institutionell seien diese am Projekt nicht beteiligt.

Er verliest eine harsche Protestresolution der Ehemaligen und verlässt den Raum.

Die Presse berichtet am nächsten Tag überwiegend fair und korrekt. Neben meinen Ausführungen steht fett der Text des Protestes.

Wir sind Kouchners Vorzeigeprojekt

Kouchner muss jeden Tag Abstriche verkünden und machen. Ein Projekt verzögert sich, ein anderes wartet auf besseres Wetter, ein drittes wird sabotiert, oder die bewilligten Mittel fließen langsamer als angekündigt. RTK ist ein Projekt, dessen Verwirklichung auf Kurs liegt. Wir arbeiten für ihn, er arbeitet für uns. Ich beauftrage Mrs. Holdit, Kouchners Eröffnungsansprache vorzubereiten.

„Finden Sie heraus, was ihm wichtig ist, welche Fragen zu welchen Themen er erwartet."

„Hold it, Richard. Wo ich herkomme, erfahren Politiker nicht im Voraus, was sie gefragt werden."

Ich besinne mich auf meinen erlernten Beruf als Redakteur und bereite die Sendung selber vor. Kouchner wird sagen, was ihm am Herzen liegt, er kann sich auf einige Fragen vorbereiten und rechnet mit einigen spontanen Zusatzfragen. Wie bei allen Rundfunkdiensten der Welt, die ich kenne. Bei öffentlichen und privaten.

Chris stellt Fragen auf Englisch, er wird dann teilweise herausgeschnitten. Kouchner antwortet auf Französisch, wird anschließend ins Albanische und Serbokroatische übersetzt. Unser Interviewraum ist ein mit Regalen abgeteiltes Endstück des Hotelflurs, sonst auch Aufenthalts- und Frühstücksraum des Teams.

Vor der Sendung überreicht er mir die Sendelizenz 001. Händeschütteln, Fotos.

Die erste Sendung wird – natürlich – mit seinem Statement eröffnet.

Die Eröffnung des Hörfunkprogramms, wenige Wochen vorher, war unter einem unglücklichen Stern gestanden. 16 serbische Bauern waren bei Gracko bei der Feldarbeit niedergemetzelt worden, Täter unbekannt.

Kouchner hatte seine Zuhörer förmlich angefleht:

UNITED NATIONS
United Nations Mission in
Kosovo

Pristina

NATIONS UNIES
Mission des Nations Unies
en Kosovo

License to Broadcast for
RTK Television

Radio Television Kosovo is authorized to conduct
television broadcasts in Kosovo, immediately via direct
broadcast satellite. This license authorizes operation on any
satellite and satellite transponder.
Done at Pristina, September 14, 1999.

Joseph McCusker
Chief, Radio and Television Section
UNMIK

Richard Dill
Director-General
Radio Television Kosovo

License 0001

146

„Endlich kann ich unmittelbar zu Ihnen sprechen. ... Die Welt hat die Unterdrückung anerkannt, der Sie ausgesetzt waren. Und die Welt hat eingegriffen, um diese Unterdrückung zu beenden. Aber das Massaker von Gracko zeigt, dass wir aus dem Teufelskreis der Rache noch nicht herausgefunden haben. ... Ich ermutige Sie alle, ich bitte Sie inständig, mit uns für den Frieden zusammenzuarbeiten. Die Gewalt muss ein Ende haben. Wir sind nicht Ihre Feinde, wir sind Ihre Partner und Freunde."

Jetzt also ein neues Zeichen der Hoffnung: das Fernsehen. Er sei stolz, sagt Kouchner, diesen Sender eröffnen zu dürfen, den ersten, der nach dem Krieg in albanischer Sprache auf Sendung geht.

„Zehn Jahre lang bekamen Kosovaren keine Informationen über ihre eigenen Angelegenheiten in ihrer eigenen Sprache. Die provisorische Regierung, der ich vorstehe, kann jetzt mit Ihnen reden und Sie werden durch dieses Fernsehen auch miteinander und untereinander reden können.

Ich bin bewegt und stolz, der erste zu sein, der über RTK zu Ihnen spricht. Wir haben lange auf diesen Augenblick gewartet. Wir hatten bisher keine Möglichkeit, dem Volk von Kosovo mitzuteilen, was wir – die Vereinten Nationen – im Auftrag der Welt für Sie tun."

Er spricht von Hoffnungen für die Zukunft und appelliert an die rivalisierenden politischen Gruppen, auf die Anwendung von Gewalt zu verzichten.

„Es gibt immer noch zu viel Hass, zu viel Intoleranz und zu wenig Vertrauen. RTK wird einen Beitrag zur Überwindung dieser Situation leisten."

Am letzten Tag vor Sendebeginn führe ich um Mitternacht noch ein schwieriges Telefongespräch.

„Was ist jetzt, Petar, wirst du mich morgen in die Luft sprengen?"

„Weiß ich noch nicht. Bei unserer internen Abstimmung war immer noch die Mehrheit gegen den Programmstart. Aber ich denke, es wird nicht zur Gewaltanwendung kommen."

Der erste Sendeabend

Er hebt sich aus meiner Erinnerung nicht durch Besonderheiten heraus. Die Teams arbeiten, schrauben, messen, testen und verkabeln die ganze Nacht, wie die Nächte vorher. Von den früheren Mitarbeitern arbeiten einige engagiert und selbstständig mit, anderen sieht man die Überforderung deutlich an: „Früher ging das anders. Ich habe nicht gewusst ... Niemand hat mir gesagt ..." Verstärkte Sicherheitsmaßnahmen und verstärkter VIP-Andrang. Ich bin teilweise als Türsteher tätig, um internationalen Ehrengästen, die sich nicht rechtzeitig um einen Hausausweis bemüht haben, den Zutritt zu ermöglichen. Die Kollegen, auch einige deutsche, sind vergrätzt, als ich ihnen erkläre, dass Aufnahmen während der Sendung nicht möglich sind. Es gebe aber über die Eurovision einen Nachrichtenbeitrag, der steht zu ihrer Verfügung.

„Das reicht uns nicht, wir brauchen was Exklusives, sonst berichten wir nicht." Da im Regierraum neben den dort Beschäftigten kein Stehplatz frei ist – „nein, auch für Sie nicht, Herr Botschafter" – stellt die Technik einen Monitor in einen Lagerraum. Da verfolge ich mit der Prominenz auf Klappstühlen und Metallkisten getränkefrei Kouchners Eröffnungsrede und die ersten Nachrichtenbeiträge. Für viele, auch viele Zuschauer, ist es eine Enttäuschung, dass der erste einstündige Sendeblock anschließend wiederholt wird, mit einer viertelstündigen Zusammenfassung auf Serbisch. „Zu wenig, zu kurz, zu wenig professionell", werden hinterher viele sagen und schreiben. Erfreulicherweise nicht lange.

„Wie reagieren Sie auf diese Kritik?", fragt mich Botschafter Everts.

„Sie lässt erkennen, dass die Menschen uns brauchen und große Hoffnungen auf uns setzen. Um die nicht zu enttäuschen, müssen wir zügig weiterarbeiten und Sie mehr Geld einsammeln, damit wir den Dienst Schritt für Schritt verbessern können." Keine Proteste, keine Störaktionen. Ich bedanke mich bei meinen Vertrauensmännern.

Botschafter Everts möchte die Mannschaft zu einem Essen versammeln, versteht aber dann doch, dass nur der Intendant kommt, weil die anderen nach einigen Bieren erschöpft und ungeduscht ins Bett fallen.

Patrick notiert in seinem dicken Logbuch lakonisch: „19. September. Live pünktlich und planmäßig auf Sendung, 19 bis 21 Uhr."

Schon mit dem ersten Sendetag sind wir im Nachrichtenaustausch der Eurovision präsent und Nachrichtenlieferant für die Welt: Das Abkommen zwischen dem KFOR-Militärbevollmächtigten Jackson und Hashim Thaci über die Entwaffnung der UCK, die letzte Parade der UCK vor ihrer (vergeblich) erhofften Umwandlung in eine Art Nationalgarde. Unsere eigene Einweihung. Glückwunschtelegramme aus Genf und vom Präsidenten der EBU, Albert Scharf. Die öffentlichen deutschen Fernsehsender sehen keinen Anlass für eine Berichterstattung. Der Hörfunk ist aktiver, zum Beispiel BR 5 und sein Medienmagazin. Den Vogel schießt eine HR-Reporterin ab: „Wie fühlen Sie sich als Bürger einer Nation, die dort unten gerade alles zusammengebombt hat und die jetzt beim Wiederaufbau hilft?" Ich atme tief durch. So geht Journalismus. „Sehr junge und sehr alte Leute", ringe ich mir ab, „haben die Fähigkeit zum Optimismus und zum Neuanfang. Hier muss es vorwärts gehen, eine Alternative gibt es nicht."

Ablösung in Sicht

Ich habe monatelang so getan, als würde mir das Alter keine Fesseln anlegen. Tut es aber. Ich bin ruhestandsreif. Meine letzte gute Tat für den Sender ist die Buchung eines Fluges für Mrs. Holdit nach London. Sie habe doch sicher nichts dagegen, sich einige Tage in den Armen ihres Mannes zu erholen. Nach einigem Zögern nimmt sie an, zur allgemeinen Erleichterung des Teams: „Hoffentlich bleibt sie dort."

Meine Ablösung ist in Sicht: der Schweizer Eric Lehmann. Ein ins Management gewechselter Journalist wie ich. Früher ein geschätzter Moderator der schweizerischen Tagessschau, dann Chefredakteur einer in Genf erscheinenden französischsprachigen Tageszeitung. Derzeit Vorstandsvorsitzender der Dachorganisation des Schweizer Rundfunks. Was ihn hierher lockt, ist vermutlich die Abenteuerlust, die ihn kurz vorher zu einer nicht von Gipfelglück gekrönten Mount-Everest-Expedition verleitet hat. Er hat die Absicht, beide Ämter nebeneinander auszuüben: drei Wochen Kosovo, eine Woche Schweiz. Wenn sich so das Schweizer Rundfunkwesen auf Kurs halten lässt ... Er macht übrigens seine Ankündigung wahr und kehrt nach seinem Felddienst-Jahr in sein Genfer Chefbüro zurück.

Seine Ablösung wiederum wird ein gelassener und gestandener Ex-BBC-Mann werden, Richard Lucas. Der wird den Sender Ende 2001 in die Unabhängigkeit entlassen und dem ersten einheimischen Direktor Satriqui Platz machen. Lucas habe ich schon ganz am Anfang für RTK gewinnen wollen. Da beriet er noch kommerzielle Hörfunkstationen in Pristina. Dann musste er noch ein Jahr für die englische Regierung als Medienspezialist nach Montenegro.

In mehrtägigen Besprechungen übergebe ich mein Amt an Lehman.

Der wird über seine Erfahrungen später ein Buch schreiben: „Journal de l'après guerre au Kosovo". Ich komme darin vor als „ein gescheiter und gerissener Riese". Mrs. Holdit wird bei ihm zur Reine Mère, zur Königinmutter. Sie hat – zu meiner Erleichterung – nach ihrer Rückkehr aus dem

Urlaub, die nicht abzuwenden war, auch ihm das Leben sauer gemacht, bis er sie wieder auf die Insel zurückschicken konnte.

Eric wird an den gelegten Fundamenten weiterbauen. Er wird Geld schnorren, neues Personal einstellen, Hörfunk und Fernsehen endlich wieder unter ein Dach bringen, das Programm erweitern. Die Befriedung des sich ausdünnenden Verbandes der ehemaligen Mitarbeiter wird auch ihm nicht gelingen.

Später erzählt er mir, dass er auf ausgewählten minenfreien Hängen im Winter auch das Tiefschneefahren ausprobiert habe.

Seine wichtigsten Meriten werden sein: die Rückverlegung des Fernsehens in den renovierten alten Bau in der Altstadt und der Abschluss von Verhandlungen mit der japanischen Regierung, die, vom dortigen öffentlichen Rundfunk NHK beraten, sich bereit erklärt hat, dem Sender eine völlig neue technische Studio- und Produktionsausrüstung zu übergeben. „Ein Geschenk des japanischen Volkes" steht jetzt auf fast jedem Gerät, das bei RTK benützt wird. Gern hätte ich auch gelegentlich sichtbare Geschenke des deutschen Volkes wahrgenommen. Aber, wie gesagt, die Deutschen verstecken ihre gigantischen Hilfsgelder am liebsten in anonymen internationalen Töpfen.

Ein seltener Anblick: Kouchner strahlt

Botschafter Everts und Kouchner geben mir einen Abschiedsempfang auf der Dachterrasse des OSZE-Gebäudes. Auf der Terrasse haben wir auch gemeinsam in die Jahrhundert-Sonnenfinsternis am 11. August geblinzelt. Ich war ein gefragter Mann, weil ich als einziger aus München eine 3D-Brille beschafft hatte, durch die ich dann schließlich auch gelegentlich einen Blick auf das unvergessliche Schauspiel und die schaurig-eindrucksvoll über die Stadt wandernden Schatten werfen durfte.

Neben Kouchner sind auch zwei der Männer anwesend, die er gelegentlich spöttisch als seine heimlichen Mitregenten bezeichnet: Hashim Thaci und Bujar Bukoshi. Rugova wird sich erst in Vorbereitung der Wahlen wieder zunehmend in der Öffentlichkeit zeigen und tut auch recht daran: je früher die Wahlen, umso verführerischer der echte oder vermeintliche militärische Glanz seines Rivalen Thaci. Die erklärten späteren Medien-Konkurrenten sind da: Veton Surroi, der bald nach RTK mit massiver ausländischer Unterstützung seinen eigenen Rundfunk Koha TV gründen

wird, und Eferdita Kelmendi, deren Hörfunksender Radio 21 in den Startlöchern steht, um auch im Fernsehen um nationale Bedeutung zu ringen,
und der ich artig die Hand küsse. Die Beamtenstäbe sind da, die vom Geld
über Frequenzverteilung bis zur Immobilienverwaltung Mitspracherecht
beanspruchen, die Militärs, die dem Unternehmen Glück wünschen und
über frühe Behinderungen den Mantel der Nächstenliebe gebreitet sehen
wollen.

Der Empfang dient auch der Vorstellung meines Nachfolgers Eric Lehmann. Der lässt sich auch kurz beschnuppern, überlässt mir aber
großmütig den Abend mit den gegenseitigen Ergebenheits- und Dankbar-
keitsbekundungen. Ich danke umfassend und ohne Rückgriffe auf gewese-
ne Irritationen, verteidige noch einmal den öffentlichen Rundfunk als den
einzigen, der vom Volk ausgeht und die Interessen der Teilnehmer zur
alleinigen Richtschnur macht. Ich erkläre, warum ich gern im Kosovo
gearbeitet habe und füge im Hinblick auf das breite Engagement der
Schweiz etwas euphorisch hinzu, dass Kosovo offenbar alle Chancen habe,
zur Mini-Schweiz des Balkans zu werden.

Den späteren Abend, es ist mein letzter, verbringe ich im Kreise ehemaliger Mitarbeiter, bei denen mein Vorgehen Verständnis gefunden hat.

Beschwerliche Heimfahrt

Die OSZE organisiert zweimal in der Woche einen Flug von Wien nach
Pristina und zurück, den will ich nutzen. Die Maschine, Holzklasse ohne
Komfort, ist ein fliegender Konferenzraum. Bukoshi ist an Bord, „taz"-
Korrespondent Rathfelder, der wochenlang mit den albanischen
Flüchtlingstrecks umhergezogen ist und sich bei der Linken unbeliebt
gemacht hat, weil er als erster von Massakern der Serben zu sprechen
wagte. Mit einer österreichischen Journalistin erörtere ich die Befrie-
dungsaussichten der Region. Sie seien wohl erst dann als stabil zu be-
zeichnen, wenn der erste Musikantenstadl aus Pristina übertragen werde.
Dafür wollen wir uns beide einsetzen.

In Wien sind die Anschlussflüge längst über alle Berge. Eine Taxifahre-
rin, durch frühere Verkehrskontrollen traumatisiert, zockelt mich mitten
in der Nacht unter strikter Einhaltung aller Geschwindigkeitsbegrenzun-
gen zum Südbahnhof. Dort hieven mich mitleidige Mitreisende in letzter
Sekunde in den anfahrenden Mitternachtszug nach München. Ich ergattere

ein Bett in einem Schlafabteil. Ein mitfahrender Vietnamese teilt mit mir eine Schinkensemmel seiner Wiener Schwiegermutter. Wiegt mich mit Erzählungen vom Dauer-Bürgerkriegskonfliktpotenzial seiner Heimat in einen unruhigen Schlaf. Am Morgen falle ich am Münchner Ostbahnhof aus dem Zug und zurück in ein geordnetes Leben.

Das Aufstehen – mit nackten Füssen auf den Boden und zur Kaffeemaschine – erlebe ich zur Verblüffung meiner Mitbewohner als unbeschreiblichen Luxus, als lang entbehrte Wohltat.

Nachspiele: „Jetzt dürfen wir schreiben, was wir wollen"

Der Journalist als Richter und Henker

Monate später bin ich erneut im Kosovo. Das Bundespresseamt finanziert ein Seminar für Journalisten über demokratische Prinzipien der Berichterstattung. Als ich mich bei Freunden und alten Kollegen anmelde, höre ich zwei Meinungen. „Du wirst die Stadt nicht wiedererkennen. Es ist so vieles anders geworden." Andererseits: „Du wirst enttäuscht sein. Es ist alles wie früher." Es stellt sich heraus, dass jeder ein bisschen Recht hat.

Das Seminar wird zusammen mit einem neu gegründeten lokalen Journalistenverband durchgeführt. Der hat noch wenig Erfahrungen mit internationalen Seminaren. Dolmetscher für Englisch und Deutsch sind restlos ausgebucht. Es finden – keine Seltenheit – drei Seminare zu verwandten Themen zur gleichen Zeit statt. Studenten mit rudimentären Sprachkenntnissen springen ein, geben sich große Mühe, zwingen zur äußersten Vereinfachung. Ich besorge wenigstens stundenweise einen sprachkundigen Journalisten aus meinem alten RTK-Team.

Meine bescheidenen – demokratischen – Vorbemerkungen: Hass kann nicht das letzte Wort sein. Er ist eine Droge, und Drogen sind für Verlierer, für Loser. Zur Versöhnung gibt es keine Alternative. Wer nach Europa will, muss mit der Demokratie ernst machen.

Der erste Diskussionsredner beklagt die lebensferne Unwissenheit des Referenten. Ob der denn nicht aus seiner deutschen Vergangenheit wisse, dass die erste Aufgabe des Journalisten darin bestehe, Kriegsverbrechen schonungslos aufzudecken, Schuldige zu verfolgen und anzuklagen, umfassende Wiedergutmachung für erlittenes Unrecht einzufordern. Bevor man in Westmedien gefühlsduselig das Leiden des ausgewiesenen serbischen Mütterchens hochspiele, solle man doch erst mal klären, was deren Mann und Söhne während des Krieges getrieben haben.

„Wir dürfen jetzt schreiben, was wir wollen, ohne Rücksicht auf Amt und Privileg. So wie es uns die Amerikaner vormachen. Oder haben Sie nicht die Berichterstattung über das Liebesleben von Präsident Clinton verfolgt?"

Eine örtlicheTageszeitung ist mit der Schlagzeile erschienen: „UN schützt Kriegsverbrecher". Ein Serbe, der für die UN arbeite, sei nach ihrer Information an Kriegsverbrechen beteiligt gewesen. Mit Foto und Namensnennung. Wenige Tage später ist der Mann tot. Entführt, erschossen. Kouchner maßregelt die Zeitung für das, was er als Menschenrechtsverletzung ansieht. Acht Tage darf sie nicht erscheinen. Vibrierend vor Empörung und ohne jede Betroffenheit erscheinen die Redakteure auf meinem Seminar: Demokratischen, investigativen Journalismus der Aufklärung hätten sie doch betrieben, so wie man es ihnen auf unseren Seminaren beibringe. Verbrechen müsse man doch aufdecken, Verbrecher an den Pranger stellen. Für die Folgen sei man nicht verantwortlich. Jetzt hänge man ihnen einen Maulkorb um. Wie den freien Medien in Belgrad. Die deutschen Kollegen mögen bitte mit ihnen aufstehen und protestieren gegen diese Knebelung der Pressefreiheit.

Was antworten? Natürlich auf den Rechtsstaat verweisen, der vor jede Verurteilung ein geordnetes Verfahren setzt. Den kennen sie nicht, den haben sie nicht, an den glauben sie nicht. Die internationalen Fahndungsfotos von Karadcic und Mladic vergilben auch in kosovarischen Amtsstuben. Die Unvereinbarkeit von Lynchjustiz mit der Ausübung des staatlichen Gewaltmonopols anmahnen. Rechtlose Rache für unbewiesene Taten ist Verletzung von Menschenrecht. Daran erinnern, dass die Demokratie eine scharfe Grenze setzt zwischen dem Informationssammler und dem Verurteiler, dem Richter.

Am liebsten würde ich den Artikel 5 aus unserem Grundgesetz vorlesen. Der macht deutlich, dass der Staat in der Tat Pressefreiheit „zu gewährleisten" hat. Aber vor allem, dass Pressefreiheit eine dienende Freiheit ist. Medienfreiheit ist nicht in erster Linie Verleger-, Unternehmer- oder Journalistenfreiheit. Sie ist abgeleitet von der Freiheit, vom Menschenrecht des Bürgers. Der darf seine Meinung äußern und sich „ungehindert unterrichten". Der Journalist ist in soweit frei, als er dem Bürger die Ausübung dieses Grundrechts ermöglicht und erleichtert.

Die Pressefreiheit hat Schranken, sie ist gekoppelt mit Verantwortung.

Am deutlichsten sind solche Schranken im Artikel 10 der Europäischen Menschenrechtskonvention von 1950 beschrieben. Der zieht im ersten Absatz die Grenzen weit: „Jedermann hat Anspruch auf freie Meinungsäußerung." Im zweiten Absatz aber nennt er beispielhaft elf Gründe, die zu Einschränkungen führen können, von der Wahrung der Privatsphäre bis zur Gewährleistung von „Ansehen und Unparteilichkeit der Rechtsprechung".

Das sind viele Gründe, vielleicht zu viele. Und das hören sie nicht gern, die Vertreter der schrankenlosen Pressefreiheit, die stets die amerikanische Verfassung im Munde führen.

Auch meinen Freiheitslehrlingen will das nicht in den Kopf. Das Seminar leert sich. Nichts zu holen bei diesen demokratischen Fortbildungs-Eunuchen. Verwirrung der Begriffe.

Der deutsche Veranstalter ist entgeistert über die Unversöhnlichkeit, die sich manifestiert. Ich gebe zu bedenken, dass es aufwärts geht. Vor einem Jahr haben sie unsere Seminare schweigend über sich hinwegrieseln lassen und sind ungerührt in ihre ressentimentgeschwängerten Redaktionen zurückgekehrt. Jetzt reden sie schon mit uns über das, was sie tatsächlich empfinden.

Ein slowenischer Philosoph bereist erfolgreich westliche Ostseminare und verbittet sich unsere Einmischung in die berechtigten und gewachsenen Hasstraditionen seiner Region. „Herr Zicek, Sie liegen falsch. Hass und Rachedurst sind kein Schicksal. Hass ist produziert und kann umgewandelt, sublimiert werden. Unter einer meiner sechs Regierungsformen war der Hass auf den Erbfeind Frankreich amtliches Bildungsziel – heute habe ich französisch sprechende Enkel. In den Dörfern des Kosovo, für die mein Sender sendet, finde ich Not, Angst, Misstrauen, Verbitterung, Ungeduld, Unwissenheit, Bedürfnis nach Sicherheit. Aber Hass? Den finde ich nur bei Politikern, die von der Angst und vom Hass leben. Und bei Journalisten, die ihnen nach dem Mund reden."

Deutscher Exportschlager Medienfreiheit – schlecht vermarktet

Wie soll es weitergehen? Sechs Thesen

Natürlich setze ich mich in Deutschland weiter für Mediendemokratisierung im Osten ein. Werde auch gelegentlich zu diesem Thema gefragt. Dann trage ich meine felderprobten Thesen vor:

1. Sicherheit, Frieden, wirtschaftliche Prosperität, Verschonung von Flüchtlingsströmen, also Substanzerhaltung und Existenzsicherung, gibt es auch für Deutschland in Zukunft nur im Rahmen einer europäischen Ordnung.
2. Diese europäische Ordnung basiert bis auf Widerruf auf Demokratie und Achtung der Menschenrechte.
3. Die demokratische Entwicklung weist in einer zunehmenden Zahl von Ländern, insbesondere in Mittel- und Osteuropa, erhebliche Defizite auf oder ist direkt gefährdet.
4. Es gibt keine Demokratie ohne demokratische Medien. Gleichzeitig können demokratische Medien sich nur in einer funktionierenden Demokratie entfalten.
5. Die Demokratie und eine demokratische Medienordnung sind unvollständig und lückenhaft ohne ein Element von Public Service, von öffentlichem Rundfunk, im Rahmen eines pluralen Mediensystems.
6. Bei der Schaffung demokratischer Medien ist Deutschland aufgrund seiner Geschichte, seiner Leistungsfähigkeit und seiner eigenen Medienverfassung ein besonders geeigneter, kompetenter und gefragter Partner, nimmt diese Partnerschaft aber nur begrenzt wahr.

Wozu brauchen wir Medien und Rundfunk?

Zu verschiedenen Zeiten und in verschiedenen Ländern haben wir Rundfunk unterschiedlich definiert und ihm unterschiedliche Prioritäten zugewiesen. Im Osten wird er – nicht ohne Rückgriff auf westliche Vorbilder – überwiegend als Instrument für Machterwerb, -ausübung und -erhaltung betrachtet. In anderen Ländern dominiert seine Rolle als Wirtschaftsfaktor, der Wachstum, Beschäftigung und Rendite sichern soll. Als Unterhaltungs- und Zeitvertreibsanstalt feiert er nach wie vor weltweite Erfolge. Dass er einmal eine Kulturinstitution werden sollte, der Film und Theater ergänzt und eine eigene Form der schönen Rundfunkkünste begründet hat – so sah ihn mein erster Chef Clemens Münster –, ist schon fast in Vergessenheit geraten. Auch sein Potenzial als Bildungs- und Ausbildungsinstrument. Nation-Building sollten die Medien in Entwicklungsländern betreiben, also dafür sorgen, dass aus losen Gemeinschaften solidarische Gesellschaften werden bzw. dass Staaten und Gesellschaften nicht auseinander driften und zerfallen. Dieses Ziel rückt jetzt im Osten erneut und verstärkt ins Blickfeld.

Im Vordergrund steht aber heute Rundfunk als Pfeiler, als Verteidiger und Beleber von Demokratie. Diese Demokratie mag in einer bedrohlich ansteigenden Zahl von Ländern abbröckeln oder als verzichtbar angesehen werden. Sie ist aber immer noch und immer wieder das Prinzip, auf das sich Europa geeinigt hat, auf dem Europa beruht.

Im Maastrichter Vertrag haben die teilnehmenden Länder (durch ihre Staatsoberhäupter) beschlossen, „eine europäische Union zu gründen." In der Präambel bestätigen sie ihr Bekenntnis „zu den Grundsätzen der Freiheit, der Demokratie und der Achtung der Menschenrechte und Grundfreiheiten und der Rechtsstaatlichkeit".

Ein eigener Artikel (F) hält fest, dass die Union „die nationale Identität ihrer Mitgliedsstaaten achtet", und zwar derer, „deren Regierungssysteme auf demokratischen Grundsätzen beruhen".

Als „allgemeine Grundsätze des Gemeinschaftsrechts" gelten auch die Grundrechte, „wie sie in der 1950 in Rom unterzeichneten Europäischen Konvention zum Schutze der Menschenrechte und Grundfreiheiten gewährleistet sind."

Deutschland wiederum hat in einem eigenen Grundrechtsartikel (23 GG) erklärt, dass es nur zu einer Union gehören will, „die demokratischen, rechtsstaatlichen, sozialen und föderativen Grundsätzen ... verpflichtet ist."

Im Zeitalter der vordringenden nationalistischen und rechtspopulistischen Bewegungen und Regierungen ist es nicht überflüssig, auf diese Demokratieverpflichtung zu verweisen.

Deutschland ein geeigneter Partner? Wie das?

In meinen Thesen erscheint Deutschland als besonders kompetenter Demokratisierungspartner. Das hat mehrere Gründe. Dabei rede ich jetzt nicht nur von unserer – sich normalisierenden – wirtschaftlichen Stärke und von unseren – punktuell immer noch beachtlichen – technischen Errungenschaften.

Erstens: unsere Geschichte. Dabei gehe ich von der Voraussetzung aus, dass wir aus der Geschichte etwas gelernt und uns in deren Verlauf gewandelt haben. Wir haben in knapp 80 Jahren vom Kaiserreich bis zu den gegenwärtigen Vereinigten Staaten von Deutschland auf deutschem Boden sieben verschiedene Staats- und Gesellschaftsordnungen erlebt. Allein zu meinen Lebzeiten wurden gesellschaftliche und Medienspitzen viermal ausgetauscht: 1933, 1945, 1949 (in der DDR) und 1990. Davon zweimal unblutig und ohne Verlust von Rentenansprüchen für Führungskräfte.

Wir gehen also nicht jedem auf den Leim, der seine Zukunftsvision mit der Feststellung beginnt, die Verhältnisse seien nun einmal aus unabänderlichen historischen Gründen so wie sie sind und man könne daran nicht rütteln. Wir wissen es besser. Verfassungen, gesellschaftliche Codices, nationale Selbstdefinitionen können sich ändern. Ändern sich ständig und unaufhaltsam. Dabei ist mir klar, dass neue Biografien im neuen Deutschland diese historischen Erfahrungen möglicherweise mehr und mehr beiseite schieben werden.

Zweitens: Da wir keine geborenen Demokraten sind, sondern gelernte, können wir unsere Erfahrungen beim Erlernen und Verändern weitergeben. Erfahrungen des Gelingens und des Misslingens.

Drittens: Wir haben ein pluralistisches, multikulturelles, föderatives Staatswesen mit pluralistischen Medien geschaffen und bisher durchgehalten, fast gegen unsere eigenen Erwartungen und Befürchtungen. Wir gleichen – nach innen – aus und verbinden: Nord und Süd, Ost und West,

158

Arm und Reich, Klein und Groß, katholisch und protestantisch, rechte und linke Mitte, sächsisch und alemannisch.

Wir können also glaubhaft widersprechen, wenn jemand – etwa unter Berufung auf die Schlacht auf dem Amselfeld – auf uns einredet, sichere Zukunft sei nur dort denkbar, wo ein Volk, eine Partei, eine Sprache, eine Religion, ein gemeinsames Feindbild die Oberhand habe.

Viertens: Bombardiert, vielfach vertrieben und in Lagern, schließlich besetzt waren wir auch und sind dabei nicht stehen geblieben. Haben verdrängt, aber auch verarbeitet. Den Schuh „Du hast ja keine Ahnung, was wir mitgemacht haben" ziehe ich mir nicht an.

Fünftens: Wir wissen vom Unfug der Kollektivschuld und haben dankbar erlebt, dass unsere Besieger und Besatzer zwischen Volk und Regime unterschieden haben. Auf dieser Unterscheidung bestehe ich auch für Länder des Ostens und Südostens, wohlgemerkt unter Einschluss der Serben.

Sechstens: Wir sind Weltmeister des dualen Systems im Rundfunk. Unser öffentliches Rundfunksystem ist inzwischen das bedeutendste der Welt. Jedenfalls wirtschaftlich und technisch. Das Kommerzielle und Marktkonforme können Amerikaner und Engländer besser. Den Staat als Taktgeber setzen die Franzosen am elegantesten ein. Die Leistung eines öffentlichen Rundfunks können wir am besten einschätzen und vertreten. Könnten wir jedenfalls, wenn wir einen unserer wichtigsten Exportartikel richtig vertreten und verteidigen würden.

Siebtens: Beim Wegräumen des Propagandaschutts seit dem Weltkrieg stoßen wir in den meisten Ländern des Ostens und Südostens auf eine lang verschüttete und unartikulierte, aber dennoch intakt gebliebene Achtung für, oft Liebe zu Deutschland, zur deutschen Sprache und zur deutschen Kultur. Verknüpft mit Erinnerung, aber auch mit Erwartung und Hoffnung. Wenn wir mit unserer neuen Gesellschaft nicht an diese alten Freundbilder anknüpfen können, dann ist uns nicht zu helfen.

ANHANG

Das leicht verderbliche Gut Rundfunkverfassung

Über das Leben mit selten ganz guten und selten ganz schlechten Rundfunkgesetzen

Referat vor Parlamentariern und Mitarbeitern des ungarischen Rundfunks in Budapest im Jahre 1994

I.

Mit Ungarn sympathisiere ich nicht erst seit der Wende. Einer meiner besten Freunde war Istvan Gerendas, Architekt, Professor an der Technischen Hochschule in Budapest und einige Jahre mein Kollege bei der Unesco in Paris. Leider ist er vor kurzem gestorben. Ich habe ihm in den sechziger Jahren gebannt zugehört, wenn er mir erzählte, im Übrigen ohne Bitterkeit und Hass, in wie viele Gefängnisse und Uniformen ein durchschnittlicher Ungar in diesem Jahrhundert gesteckt werden konnte, vor allem, wenn er so sentimental war, sich weder tot stellen noch flüchten noch anpassen zu wollen.

Von ihm muss ich Ihnen eine Geschichte erzählen, die mir den Platz von Ungarn zwischen den Mühlsteinen der Weltgeschichte verdeutlichte. Wir gingen 1961 regelmäßig zusammen zum Essen. Am Tag nach dem Beginn des Mauerbaus in Berlin, im August 1961, dachte ich, ich sollte ihm, der doch Marxist zu sein vorgab und einen kommunistischen Staat vertrat, eine Diskussion über die neueste Schmach seiner stalinistischen Brüder ersparen und wollte den gemeinsamen Lunch schwänzen. Da kam er schon in mein Büro gestürmt, mit der neuesten „Le Monde" wedelnd: „Host du schon gehärt, Richard, naieste Schwainerai aus Berlin. Äntschuldigä bittä, aber sowas kann doch nur Deutschen einfallen."

160

Inzwischen bin ich selbst ein biografisches Denkmal der Veränderung. Ich habe das Dritte Reich und den Krieg erfahren und danach den schwierigen Umstieg auf die Demokratie – Siegerdemokratie, nannte man die lange Zeit abschätzig bei uns. Und jetzt betreibe ich mit Ihnen und mit den „anderen" Deutschen den Ausstieg aus dem real existierenden Sozialismus und den – hoffentlich anhaltenden – Umstieg auf Zivilgesellschaft, Demokratie und lagerfreien Rechtsstaat.

Auch meine Beschäftigung mit den Medien in Ungarn dauert schon eine Weile. Erst staunte ich, wie – Gleichschaltung hin, Gleichschaltung her – auch unter der Einparteienherrschaft Kultur und Film immer wieder als Probebühne für Widersetzlichkeit und Kritik verstanden und genutzt wurden. Auf fast allen großen internationalen Festivals, Programm-Messen und Fachseminaren konnte man ungarische Kollegen treffen, die auf unnachahmliche, manchmal heitere, oft auch melancholische Weise die Diskrepanz deutlich machen konnten zwischen ihrer persönlichen Meinung und den protokollarischen Statements, mit denen sie sich ihre weitere Zugehörigkeit zum Reisekader verdienen mussten.

Ich will aber auch nicht jenen kultivierten, belesenen, weltgewandten weißhaarigen Genossen Generaldirektor Tömpe – ehemaliger General – aus meiner Erinnerung streichen, der mich zum Zeichen besonderer Freundschaft bei Seite nahm und mit mir zu teilen wünschte, wie sehr sein letzter Moskauaufenthalt ihn aufgerichtet und von aufkeimenden Zweifeln am Sozialismus befreit hatte.

Später bewunderte ich die ebenso lässige wie grimmige Entschlossenheit, mit der die Vertreter des ungarischen Rundfunks die Annäherung an Europa und die Entmachtung und Auflösung der moskaugesteuerten OIRT und der dazugehörigen Intervision betrieben, und zwar schon zu einer Zeit, in der noch nicht abzusehen war, ob ein solches Verhalten nicht eines Tages Strafmaßnahmen des Warschauer Paktes nach sich ziehen würde.

Eine Entschlossenheit übrigens, die mit dafür verantwortlich ist, dass die Deutschen heute wieder ein gemeinsam schwieriges Volk sein dürfen.

II.

Seit dem Umschwung bin ich beratender Vielzweck-Experte, in Ihrer Hauptstadt schon fast mit Zweitwohnsitzrecht. Und erneut frage ich mich:

Wozu veranstalten Sie eigentlich solche Beratungs-Gespräche? Die brauchen Sie doch überhaupt nicht mehr! Es sind drei Gründe, warum ich das denke:

Erstens brauchen Sie ausländisches Expertenwissen nur auf ganz wenigen Spezialgebieten, denn kaum ein Land in der Welt verfügt selbst über so viele Experten in Sachen Recht, Finanzen, Kultur, Wissenschaft, Technik oder Programm wie Ungarn. In jedem gemeinsamen Produktionsteam der EBU für Olympia konnten wir Einfallsreichtum, Nervenstärke und Bastelfreude unserer ungarischen Kollegen bewundern. Es ist natürlich möglich, dass man denen in der ganzen Welt zuhört, nur nicht im eigenen Land. In Deutschland und Österreich finden Sie sie haufenweise und gut gepolstert von Kostolanyi über Ferenczy bis zu Trebitsch und Tochter.

Zweitens gibt es kaum einen Gesetzestext, ein Managementkonzept oder einen Mustervertrag auf der Welt, den Sie sich nicht schon angeschaut hätten – oder zumindest hätten anschauen können, wenn Sie gewollt hätten. Ich selber habe mehrere Kofferräume voll Papier auf den Weg gebracht und die Kunst der Fotokopie ist in ihrem Land hoch entwickelt.

Und drittens ist mir noch nicht aufgefallen, dass Sie je irgendeinen Rat eines auswärtigen Experten befolgt hätten – es sei denn, er stimmte mit dem überein, was Sie ohnehin entschlossen waren zu tun. Was also erwarten Sie von mir?

Bestätigung, dass Sie auf dem richtigen Wege sind?

Es gibt keinen richtigen Weg, es gibt in der Demokratie nur verschiedene Versuche, dem Land zu dienen und das Leben möglichst vieler Bürger sinnvoll zu bereichern.

Tipps zum Erfolg und zum Überleben?

Ich glaube, für Überlebenstechniken unter schwierigen Verhältnissen wären viele Länder mit ungarischen Experten am besten bedient.

Unterstützung beim Kampf gegen missliebige Mehrheiten und Beschlüsse?

Das können wir von außen nicht leisten!

Wenn Sie wirklich wissen wollen, wie Rundfunk bei uns organisiert ist und ob Sie etwas davon im eigenen Land verwenden können, müssen Sie das tun, was Sie zum Teil längst gemacht haben: sich an Ort und Stelle zu informieren und ein Bild zu machen. Auch das ist übrigens nicht einfach, weil man Geduld und Selbstbewusstsein braucht, um hinter den unterschiedlichen Finanz- und Denkstrukturen die zu erkennen, die es sich lohnt mitzubringen und den eigenen Verhältnissen anzupassen. Ich sehe noch den resignierten Spott in den Augen eines estnischen Kollegen, als wir ihm erklärt haben, wie schwer die ARD sich tut, etliche Milliarden im Jahr sinnvoll, geordnet und gesetzeskonform auszugeben: „Was ich pro Jahr für mein ganzes Fernsehprogramm habe, ist etwa die Hälfte dessen, was ihr pro Jahr für die Zuschauerforschung ausgebt."

Aber bitte als Reiseziele nicht nur New York und die BBC in London nennen, auch nur begrenzt die ARD-Tagesschau in Hamburg, sondern auch solche Betriebe, die sich in gleich hoffnungsvoller und hoffnungsloser Lage wie Sie befinden und sich zum Teil achtbar schlagen: den slowenischen oder den polnischen oder den Sankt Petersburger Rundfunk.

Was also können unsere Beratungsgespräche leisten?

Vielleicht ein Stück Partnerschaft, gleichberechtigte Partnerschaft bei der Beschreibung und Lösung umstrittener und oft tatsächlich unlösbarer Probleme. Gegenseitigen Trost darüber, dass es – auch in Medienfragen – nur wenige Entscheidungen gibt, die alle zufrieden stellen und die nicht zu neuen Problemen führen. Austausch über die Erfahrungen bei der Vermeidung und Behebung von Fehlern. Pannenhilfe.

.

III.

Wiederholt nicht unsere Umwege! Spart euch Zeit, Energie und Geld, indem ihr aus unseren Erfahrungen lernt! Schaut euch kommerziellen oder öffentlich-rechtlichen Rundfunk genau an, bevor ihr ihn einführt oder verwerft! Das war meine erste Botschaft nach dem Umschwung. Inzwischen habe ich verstanden, dass zur nationalen Souveränität auch unabdingbar das Recht auf die eigenen Wege, Umwege und Fehler gehört.

Im Lauf der letzten Monate habe ich gerade aus Ihrem Land besonders interessante, innovative und kühne Vorschläge zur Neugestaltung des Rundfunks gehört.

Da gab es die Idee, das ganze Volksvermögen zu privatisieren und jedem Bürger Anteilscheine auf dieses Volksvermögen zu geben. Der Rundfunk, dachte ein ungarischer Experte, den Sie inzwischen wieder verstoßen haben, könnte dann als öffentliche Institution zur Erhaltung und Erneuerung der nationalen Kultur Anteilscheine über einige Milliarden Forint bekommen, so viel, dass die Zinsen einen ausgewogenen und ausreichenden Haushalt garantieren würden.

Dann gab es zum Beispiel die – durchaus einleuchtende – Idee, ihr zwar repräsentatives, aber veraltetes, verbautes, überdimensioniertes und kommunikationsunfreundliches Rundfunkhaus teuer an einen Hotelkonzern zu verkaufen und mit dem Erlös ein funktionsgerechtes High-Tech-Funkhaus am Stadtrand zu bauen.

Dann gab es den Vorschlag, einige Dienste des Hauses, einschließlich bestimmter Programmabteilungen, zu privatisieren und dem Wettbewerb auszusetzen. Darüber hörte ich hinter vorgehaltener Hand viel höhnisches Gelächter, aber die BBC setzt unter dem Stichwort „Producer's Choice" gerade einen Teil dieser Ideen um, indem sie Programmproduzenten die volle Budgetverantwortung überträgt und es ihnen freistellt, in und außer Haus mit dem zu produzieren, der das günstigste Angebot macht. Ich sage, das günstigste, nicht notwendigerweise das billigste.

Und jetzt schwelt das Projekt, eine oder mehrere Stiftungen zu gründen, die dann für die verschiedenen Programme verantwortlich sind. Das wollen Sie ja jetzt offenbar durchsetzen. Auch nicht abwegig, wenn man an das holländische Modell denkt, das allerdings im eigenen Land ebenfalls immer wieder umstritten ist.

IV.

Jetzt haben Sie wieder eine Gruppe bedeutender Experten vor sich, die alles über gute und noch bessere Rundfunkgesetze wissen. Wenn die auch unter sich unterschiedliche Meinungen vertreten, so stimmen sie doch in einem überein: Rundfunk kann nicht existieren ohne eine Lizenz, ohne eine Aufsicht und ohne ein Gesetz, das ihn gründet und seine Arbeit trägt.

Dem widerspricht niemand. Natürlich brauchen die neuen Staaten eine neue Verfassung und neue Gesetze. Wie lange man allerdings mit Provisorien auskommen kann, ohne dass das Programm einen Tag ausfallen muss, dafür ist gerade Ungarn ein gutes Beispiel.

Vor kurzem hatte ich den Besuch einer albanischen Delegation. Der Chefredakteur einer Tageszeitung erzählt mir stolz, man habe jetzt in Albanien auch ein modernes Pressegesetz, das man ziemlich getreu einem deutschen Pressegesetz nachgebildet habe.

Drei Tage später ruft mich eine Anwältin aus New York an. Wir sind zusammen in einem Verein zur Unterstützung der Medienfreiheit in den neuen Demokratien. „Ritscherd", sagt sie, „ich höre, in Albanien hat man ein fürchterliches repressives Pressegesetz verabschiedet, das soll von deutschen Texten abgeschrieben sein, schau mal nach, was da schief gelaufen ist."

Entgeistert eile ich zu meinen Lose-Blatt-Sammlungen. Sollte sich da etwa in den Sechzigerjahren unter die ungezählten Rundfunk-, Medien- und Pressegesetze unserer Republik ein Irrläufer eingeschlichen haben? Etwa mit so utopischen und unfreiheitlichen Formulierungen, dass die Presse nicht nur frei, sondern auch verantwortlich sei oder gar – repressiver Horror – objektiv und wahrheitsgemäß zu berichten habe? Keineswegs, die Vorlage entspricht allen anderen Pressegesetzen der Republik und der westlichen Welt und beginnt unzweideutig in Paragraf eins: Die Presse ist frei.

Es steht dann allerdings auch drin – wie in der Europäischen Menschenrechtskonvention von 1950 –, dass es Sachen gibt, die die Presse nicht darf, z. B. die Verfassung und den Staat gefährden oder zum Rassenhass aufrufen. Aber das muss ein Richter feststellen, und der darf dann auch in besonderen Fällen Zeitungen beschlagnahmen.

In einem Rechtsstaat mit einer gesicherten rechtsprechenden Gewalt ist das ein Höchstmaß an Freiheit – so gut wie nie wurde in Deutschland nach '45 je eine Zeitung beschlagnahmt. Der einzige Fall einer Staatsintervention in Mediensouveränität, die „Spiegel"-Durchsuchung 1956, stürzte nicht nur einen Minister, sondern gefährdete eine ganze Regierung und gilt bis heute als Warnung vor Eingriffen in die Unabhängigkeit der Presse.

Aber natürlich kann man sich Länder vorstellen, hat man auch Länder erlebt, in denen ein williger oder eingeschüchterter Richter weniger zögert, den Staatsnotstand zu konstatieren.

V.

Warum erzähle ich diese Anekdote? Natürlich brauchen wir Gesetze und natürlich müssen Gesetze befolgt werden. Aber Gesetze sind auch Ausdruck der Macht und werden von wechselnden Mehrheiten fabriziert und angewendet, werden von Minderheiten angefochten und vielleicht eines Tages außer Kraft gesetzt.

Rundfunkgesetze sind typische Beispiele für politische Gesetze. Sie werden in einer Mehrheitsdemokratie selten allen Interessen und Interessenten gerecht. Ist ein Gesetz verabschiedet, steht die Mehrheit, die es durchgesetzt hat, unter dem Zwang nachzuweisen, dass sie das Richtige getan hat. Und die Opposition ist ermächtigt, nein beauftragt, nachzumessen, ob und wie das Gesetz versagt.

Der Justitiar der EBU, Werner Rumphorst, der sich in vielen gewendeten Ländern zur Mediengesetzgebung äußert, hat eine einleuchtende These aufgestellt: je kürzer ein Rundfunkgesetz, umso besser. Regeln Sie nur das Nötigste, aber sorgen Sie dafür, dass die Angemessenheit der Regeln regelmäßig überprüft werden kann. Sein Modellentwurf für ein zeitgemäßes Rundfunkgesetz umfasst 18 Paragrafen auf 15 Seiten. (Ihr gegenwärtiger Gesetzentwurf läuft auf die 100 Seiten zu!) Rumphorst versucht keine allgemeine Definition des öffentlichen Rundfunks, beschreibt aber genau, welche Art von Programmen er zu verbreiten hat.

Rundfunkgesetze, wie andere Gesetze, übertragen Macht auf Zeit. Dann kann diese Macht verändert und widerrufen werden. Versuchen Sie nicht das Kunststück der Überregulierung, indem Sie vom Intendantengehalt bis zur Verwendung von Werbeeinnahmen alles regeln oder die auf Zeit erteilten Kompetenzen stündlich anzweifel-, überprüf- und beschränkbar zu machen! Geben Sie dem Intendanten und seinen Gremien Vollmachten und bewerten Sie sie nach Ablauf der vereinbarten Fristen, notfalls durch Abwahl!

Superdemokraten sind in den Wendeländern fast ebenso gefährlich wie Schein- und Formaldemokraten. Als Superdemokraten gelten zum Beispiel die Holländer, von denen ein Kabarettist gesagt hat: „Sie würden am liebsten jeden Tag darüber abstimmen, ob die Mehrheit Recht haben soll."

In fast allen Ländern des ehemaligen Warschauer Paktes gibt es inzwischen Rundfunk- und Mediengesetze. Ich kenne kein Land, in dem sie, auch wenn sie verabschiedet sind, nicht umstritten wären. Kaum sind sie in Kraft, beginnt der Streit um ihre Auslegung, meistens als Streit um die Personen, die mit der Auslegung und Kontrolle betraut sind, beginnen die Initiativen zur Änderung der Gesetze. Westliche Länder bieten genügend Beispiele dafür, dass jeder Regierungswechsel zu neuen Gesetzen, neuen Strukturen, neuen Personen führt, etwa in Frankreich. Merkwürdigerweise findet aber gerade das französische derzeitige Modell, das eines Nationalen Medienrats als oberstes Kontrollorgan für Lizenzierung und Kontrolle, im Osten besonderen Anklang. Die Polen haben es gewählt und die Rumänen.

Aus meiner Sicht sind einige der neuen Gesetze durchaus brauchbar, ausbaufähig und gut. Gut heißt, sie postulieren Freiheit, Staatsferne und

Pluralismus. Sie dienen dem Land, der Demokratie und dem Publikum. Aber was im Gesetz steht, ist noch nicht Wirklichkeit. Es gibt guten Rundfunk unter schlechten Gesetzen oder unter gar keinen, und es gibt schlechten Rundfunk unter guten Gesetzen.

Jedes Rundfunkgesetz enthält einen Regierungsbonus. Auch in Deutschland. Bei uns steht zum Beispiel eindeutig im Gesetz, welche Anteile ein einzelner Unternehmer am Rundfunkmarkt haben darf. Das ist ein gutes Gesetz, denn es soll Macht-, Geld- und Meinungsmonopole verhindern. Wenn aber ein Unternehmer gute Beziehungen zu den Regierungsspitzen hat, darf er auch ein paar Senderanteile mehr kontrollieren als vom Gesetz zugestanden, und niemand tut ihm etwas.

Herr Berlusconi hat in Polen lange Zeit Sender ohne gesetzliche Grundlage, also Piratensender, betrieben und auf Rückfrage erklärt, das sei eine gute und notwendige Einübung in die Demokratie und die Freiheit des Marktes. In Holland und Deutschland sind ehemalige Piratensender heute Marktführer – RTL und Veronica.

VI.

Nachdem Sie in unseren Beiträgen so oft dem Wort „duales System" begegnen, welches die Absicht und die Möglichkeit einer Harmonisierung von Interessen suggeriert, muss ich Ihnen noch sagen: Hund und Katze in einem Käfig sind noch kein duales System. Es gibt kein duales System. Wenn überhaupt eines, dann ein triadisches, also eines, in dem Markt-, Regierungs- und öffentliche Interessen – selten friedfertig – miteinander konkurrieren.

Über die verschiedenen Rundfunkmodelle sind Sie inzwischen ausreichend indoktriniert. Da es mehr gibt als zwei, ist die Rede vom angeblich dualen System Bestandteil einer Abwertungskampagne gegen den dritten Weg im Rundfunk, der weder der Regierung noch dem Kapital dient, dem Öffentlich-Rechtlichen.

Dieser Weg ist der beste.

Das dritte System hat einen hohen Grad von Unabhängigkeit und Medienfreiheit. Es sichert das Gleichgewicht, den Pluralismus, und es schützt nationale, regionale, kulturelle, sprachliche und religiöse Minderheiten. Es erleichtert Staatsferne, ohne demokratisch gewählte Regierungen zu Bittstellern und Almosenempfängern zu machen. Es gewährt, wie ich schon sagte, einen eingebauten, aber begrenzten Regierungsbonus. Es entlastet Regierungen, z. B. indem es ihnen die Arbeit abnimmt, zu bestimmen, wer vor Wahlen in welcher Form auf dem Bildschirm erscheinen darf.

Es ist andererseits nicht nur von privaten Investoren, national oder international, abhängig und erlaubt trotzdem ein Höchstmaß an wirtschaftlicher und marktgerechter Betätigung. Wenn Sie die BBC genau ansehen, die immer wieder als Beispiel für Kommerzfreiheit zitiert wird, werden Sie feststellen, dass die zwar keine Werbeeinblendungen zeigt, aber im Übrigen stattliche kommerzielle Interessen entwickelt hat, angefangen von dem Milliarden-Unternehmen zur Programmvermarktung BBC Enterprises bis zur Beteiligung an wirtschaftlich ausgerichteten Fernsehkanälen wie EURO-Sport, ganz zu schweigen von ihrem eigenen Satellitenunternehmen BBC International.

Wenn öffentlich-rechtlicher Rundfunk so einmalig und konkurrenzlos vorteilhaft ist, warum zögern dann so viele Ost-Länder, ihn einzuführen? Dafür gibt es verschiedene Gründe.

Einmal, weil viele alte Regierungsanstalten sich lediglich ein neues Türschild verpasst haben. Auf dem steht jetzt: „Wir sind öffentlich-rechtlich", aber dahinter steckt viel Altbekanntes. In solcher Lage erscheint der Kommerzfunk als der einzige Freiheitsbringer – auch wenn das nicht wahr ist, aber das werden viele erst glauben, wenn die Flitterwochen der kommerziellen Programmattraktivität vorbei sind und der Verlust der nationalen Programmhoheit zu schmerzen anfängt.

Der zweite Grund ist, dass Kommerzfunk starke Lobbys hat. Internationale Lobbys, die Filialen internationaler Sendeketten in ihrer Region einführen und ausdehnen wollen. Und naive nationale Lobbys, die glauben, sich gegen das internationale Kapital behaupten zu können, programmlich und finanziell. Öffentlich-rechtlicher Rundfunk hat diese Lobbys nicht. Deswegen ist einfach nicht genug bekannt, was er zu leisten vermag, und zu wenige Entscheidungsträger machen sich die Mühe, herauszufinden, was er spezifisch für ihr Land anzubieten hat.

Der dritte Grund ist, dass verschiedene Instanzen, die für Freiheitsgarantien und Aufsicht unerlässlich sind, noch unterentwickelt sind: unabhängige Richter, gesellschaftliche Gruppen, die kompetente, profilierte und wirklich unabhängige Vertreter in Rundfunkräte und Aufsichtsgremien entsenden können, ohne nur an eigene Vorteile zu denken.

Es fehlen die Politiker, die sich von der Illusion losgesagt haben, mit Rundfunk habe man die Garantie auf gute Wahlergebnisse. Der französische staatsgesteuerte Rundfunk konnte Regierungen nicht an der Macht halten und Le Pen nicht eindämmen, der Jelzin-Rundfunk konnte Schirinowski nicht verhindern und das Schweizer Fernsehen nicht das Nein der Schweizer zu Europa. Es gibt noch genügend Beispiele dafür, dass der Rundfunk im Zeitalter der grenzüberschreitenden Programme an Einfluss verloren hat. Sendezeiten für die Regierung können manchmal noch auf die öffentliche Meinung einwirken – denken Sie an Belgrad oder Bagdad, aber diese Wirkung ist am Abnehmen.

Deswegen sagen viele: Der öffentliche Rundfunk ist gut, aber jetzt noch nicht. Später vielleicht. Auch wenn ich Wandel und Entwicklung nicht ausschließe, warne ich Sie: je später, desto schwieriger.

Deswegen ist meine Botschaft kurz und eindeutig. Verwerfen Sie öffentlichen, also Public-Service-Rundfunk erst, wenn Sie wissen, was Sie verwerfen! Wer die öffentliche Option verbaut oder ablehnt, vernachlässigt nationale Interessen. Wer es trotzdem tut, muss dafür jetzt und später Rechenschaft ablegen. (Das gilt übrigens auch für Deutschland, wo die Gegner des öffentlich-rechtlichen Rundfunks sich alle paar Jahre zu einer Eindämmungskampagne zusammenrotten.)

Wenn der öffentliche Rundfunk im Gesetz verankert ist, brauchen Sie Menschen, Freunde, Berater, die mithelfen, dass er seine Chancen nutzt. Wenn er nicht im Gesetz vorkommt, brauchen Sie Freunde, die mit ihnen auf die Minderleistung anderer Organisationsformen aufmerksam machen und eine neue Diskussionsrunde über bessere Gesetze und Strukturen in Gang halten oder in Gang setzen.

Neue Rundfunkgesetze sind immer auch der Beginn, nicht nur das Ende von Meinungsbildungsprozessen und Diskussionen.

Verwendete und zitierte Literatur

Becker, Johannes/Brücher, Gertrud (Hg.): Der Jugoslawienkrieg – eine Zwischenbilanz. Münster 2001

Diffusion, Vierteljahresschrift der EBU; dort insbesondere: Zusammenfassende Beiträge zur Regional Conference on Public Broadcasting. Budapest, 15.-17. Februar 2002, Heft 3/2002
Lucas, Richard: RTK, Heft 1/2002
A Charter for Media Freedom in South Eastern Europe, Heft 4/2000
RTK: the Example, Heft 1/2000

Europäische Union/Europäische Gemeinschaft: Die Vertragstexte von Maastricht. Bonn 1995

Holbrooke, Richard: Meine Mission. Vom Krieg zum Frieden in Bosnien. München 1998

Lehmann, Eric: Journal de l'après guerre au Kosovo. Lausanne 2000

Maliqi, Shkelzen: Kosova: Separate Worlds. Reflections and Analyses. Pristina 1998

Report of the International Commission to inquire into the causes and conduct of the Balkan Wars. London, Februar 1914

Schirrmacher, Frank (Hg.): Der westliche Kreuzzug. 41 Positionen zum Kosovokrieg. Stuttgart 1999

Stark, Franz: Faszination Deutsch. Die Wiederentdeckung einer Sprache für Europa. München 1993

Terzani, Tiziano: Fliegen ohne Flügel. Hamburg 1996

Unfinished Peace. Report of the International Commission on the Balkans. Washington/Berlin 1996

Zumach, Andreas: Rambouillet, ein Jahr danach. In: Blätter für deutsche und internationale Politik, Heft 3/2000

Zum Autor

Richard W. Dill wurde am 23. Juli 1932 in Nürnberg geboren. 1951-56 Studium Geschichte und Öffentliches Recht in Norfolk/USA, München, Bonn, Erlangen; 1953/54 Deutsche Journalistenschule München; Promotion 1956 Erlangen; 1956-61 Redakteur und Programmgestalter Bayerisches Fernsehen; 1961-63 Medienreferent Unesco (Paris); 1963-65 stellv. Programmdirektor beim Aufbau des Dritten Programms in Bayern; 1965-96 Koordinator Ausland ARD-Programmdirektion, Mitwirkung an internationalen Programmprojekten, Beratertätigkeit für Unesco, Arabische Liga, internationale Rundfunkvereinigungen, Friedrich Ebert-Stiftung u.a.; 1997-98 Sonderbeauftragter der EBU für Bosnien-Herzegowina; 1999 Gründungsintendant RTK Pristina (Kosovo). Lehrtätigkeit an in- und ausländischen Universitäten, u.a. Gastprofessor an der Duke University Durham/USA (1991-1995) und der HFF Potsdam-Babelsberg (1996/1997).

19. September 1999, 19:00 Uhr. Der unabhängige Fernsehsender RTK nimmt seine Sendungen auf. Im Studio Pristina (erste Reihe, v.l.): der Autor Richard Dill, Ismiye Beshiri, Matthias Eick (beide OSZE). Zweite Reihe: Joseph McCusker (UNMIK), OSZE-Mitarbeiter, Daan Everts (Leiter OSZE-Mission), Douglas Davidson (OSZE)

Ausgewählte Veröffentlichungen des Verfassers

Der Parlamentarier Eduard Lasker und das deutsche Parlament von 1867 –1884. Dissertation, Erlangen 1956

Von der Eurovision zur Kosmovision. Die ARD im internationalen Programmaustausch. In: ARD-Jahrbuch 1969

A study of Possibilities of using Space Communications for Education and Development in Pakistan. Unesco, Paris 1970 (mit F. Rainsberry)

Apollo – Aus der Praxis der Mondovision. In: ARD Jahrbuch 1971

Grundlagen der Satellitenkommunikation. Vierteilige Einführung. In: Fernsehen und Bildung. Ab 2/1972

Rundfunk und Auswärtige Kulturpolitik. In: Außenpolitik, 2/1973

Internationaler Programmaustausch zwischen Wirklichkeit und Erfindung. In: Rundfunkpolitische Kontroversen. Festschrift für Fritz Eberhard. Frankfurt am Main 1976

Wie viel Welt braucht der Mensch? In: Den Dschungel ins Wohnzimmer. medium dokumentation 7. Frankfurt am Main 1977

Die Mediendeklaration der Unesco/Bausteine einer neuen Weltinformationsordnung. In: ARD Jahrbuch 1979

The Expansion of TV Programme Cooperation in the Gulf Area (mit Saad Labib). Unesco, Paris 1980

The Future of Public Broadcasting. In: EBU Review 1/1981

Peace-Lovers, Freedom-Fighters and Pluralists/Observations from the Unesco Communications Debate at Belgrade 1980. In: FES Vierteljahresberichte 9/1981

Auf dem Weg zu einer neuen Weltinformations- und Kommunikationsordnung. Sonderheft Medien (mit Dietrich Berwanger). Berlin 1981

Das Märchen vom freien Fluss. In: Vereinte Nationen 1983

Warum ich für die Freiheit bin – und warum ich vom „freien Fluss" nicht weggespült werden will. In: Rupert Neudeck (Hrsg.): Immer auf Achse. Auslandskorrespondenten berichten. Bergisch-Gladbach 1985

Satellite Broadcasting – some future aspects. AMIC, Singapur 1985

More Europe - less Bavaria. Down with Provincialism. In: EBU Review Mai 1989

Informieren um zu verändern. Ein Stück des 45er Traums verwirklicht. In: FES, MK-Forum 12/1991

Vom Nützlichen das Praktische - Eurovision heute. In: ARD Jahrbuch, Frankfurt am Main 1993

Guter Rat wird nicht fruchten. Probleme der Ost-West-Annäherung im Rundfunk. In: Medienbulletin Mai 1993

Ost-West-Kooperation im Rundfunk nach dem Umbruch. Referat vor dem Medienforum Berlin-Brandenburg. Kongressdokumentation 1993; zugleich epd Kirche und Rundfunk, 66/1993

Media and Markets – the Management of Change. Final Report of CSCE/ODHIR Seminar on Free Media. Warsaw 1993. In: CSCE/ODHIR Bulletin 1/1994

East-West Integration – the EBU Role. In: Mittel- und Osteuropa. Audiovisuelle Landschaften. Baden-Baden 1994

The Global Satellite Invasion – Threat and Promise. Keynote speech to Gen. Assembly of Asia-Pacific Broadcasting Union. Auckland 1993. ABU News 2/1994

Zusammenarbeit zwischen Russland und Deutschland im Rundfunk, In: Rundfunkrecht in Russland. Hans Bredow-Institut 1994

Forderungen an eine deutsche Medienaußenpolitik. Priorität für demokratische Medien in Mittel- und Osteuropa. In: AKM-Studien, Bd. 40, Konstanz 1995

Zwischen Provinzialismus und Internationalismus. In: Unesco heute, Herbst 1995

Will the Digital Revolution Expropriate Broadcasters? Keynote speech to Symposium on TV Broadcasting in the Arab States. Hammamet 1996. In: Conference Proceedings. ASBU/FES/ITU, Tunis 1997

Vom guten Medium, das Menschen dient. Warum wir nicht aufhören, etwas Neues anzufangen. In: Massenkommunikation. Festschrift für Gerhard Maletzke. Opladen 1997

Der Rundfunk der in die Kälte kam. RTV Kosovo sendet seit September 1999. In: FS-Informationen 11/1999

Demokratische Medien für den Osten – aber wie? In: Walter Hömberg (Hrsg.): Rundfunk-Kultur und Kultur-Rundfunk. München 2000

MARkierungen

Beiträge des Münchner Arbeitskreises öffentlicher Rundfunk

herausgegeben von Walter Hömberg (Katholische Universität Eichstätt)

Walter Hömberg (Hg.)
Rundfunk-Kultur und Kultur-Rundfunk
Der erste Band der neuen Reihe unterstreicht den Kulturauftrag des öffentlichen Rundfunks. In einer leidenschaftlichen Abrechnung mit dem medialen Zeitgeist polemisiert Gerd Bacher, langjähriger Generalintendant des Österreichischen Rundfunks, gegen die "Transformation der Massenmedien von einem Gut zur Ware". Dietrich Schwarzkopf, ehemals Programmdirektor der ARD und Vizepräsident von Arte, betont die Bedeutung der inhaltlichen und formalen Vielfalt des Programmangebots für die Informationsfreiheit der Bürger. Die Kommunikationswissenschaftler Wolfgang R. Langenbucher (Wien) und Ralf Hohlfeld (Eichstätt) belegen empirisch die wichtige Rolle des öffentlich-rechtlichen Rundfunks als Kulturproduzent und Kulturvermittler. Richard W. Dill beschreibt die Probleme der Rundfunkneuordnung in Mittel- und Osteuropa, die er als Bosnien-Beauftragter der European Broadcasting Union vor Ort erlebt hat.
Bd. 1, 2000, 96 S., 12,90 €, br., ISBN 3-8258-4839-6

Walter Hömberg (Hg.)
Deutschland – einig Medienland?
Erfahrungen und Analysen
Die friedliche Revolution in der DDR und die deutsche Vereinigung haben auch die Medienlandschaft in Ostdeutschland verändert. Der Band geht folgenden Fragen nach: Wie haben sich die Märkte für Presse und Rundfunk entwickelt? Wie unterscheiden sich die Inhalte der Medien und die Gewohnheiten der Nutzer? Was ist übrig geblieben von originären ostdeutschen Entwicklungen und Modellen der Wendejahre? Welche Rolle spielen heute die Journalisten, die ihr Handwerkszeug unter DDR-Bedingungen gelernt haben? Haben die Medien ihre Aufgabe bei der deutsch-deutschen Integration und dem Zusammenwachsen erfüllt? Ein Jahrzehnt nach Beginn der Vereinigung legen Kommunikationswissenschaftler und Journalisten aus Ost und West eine Zwischenbilanz vor.
Bd. 2, 2002, 128 S., 9,90 €, br., ISBN 3-8258-4889-2

Kommunikationsgeschichte

herausgegeben von Walter Hömberg und Arnulf Kutsch

Matthias Kretschmer
Der Bildpublizist Mirko Szweczuk (1919 – 1957)
Eine kommunikationshistorische Untersuchung von Leben und Werk
"Mirko Szweczuk [...] was considered unquestionable the best cartoonist working in the Federal Republic", schrieb die Londoner *Times* im Jahr 1957 zum frühen Tod des Österreichers (1919 – 1957), der trotz seiner kurzen Lebenszeit als der erfolgreichste und renommierteste politische Karikaturist und Portraitkarikaturist in den Anfangsjahren der Bundesrepublik Deutschland angesehen werden kann. Nach anfänglichen Publikationen im Dritten Reich begann seine eigentliche Karriere im Deutschland der Nachkriegszeit, zunächst als Hauptzeichner der Wochenzeitung *Die Zeit*, dann als Exklusivkarikaturist der Tageszeitung *Die Welt*. Darüberhinaus versuchte er sich als Herausgeber einer eigenen Satirezeitschrift, reussierte aber erst mit der von ihm entwickelten wöchentlichen *Welt*-Satireseite "Das kleine Welttheater". In der Startphase des Deutschen Fernsehens schuf er die damals populäre Karikaturensendung "Sind Sie im Bilde?" und die Jugendsendung "Unsere Modelleisenbahn". Vom Intendanten des NWDR zum Grafischen Berater bestellt, avancierte er zum ersten "Chef-Designer" des Senders.
Mit der vorliegenden Kommunikatorstudie wird Szweczuks Biografie eingehend vor dem zeithistorischen Hintergrund dargestellt und sein Werk ausführlich dokumentiert. Auf der Basis eines breiten Quellenspektrums wird sein facettenreiches künstlerisches und journalistisches Leben untersucht und unter kommunikationshistorischen Aspekten bewertet.
Bd. 12, 2001, 704 S., 35,90 €, br., ISBN 3-8258-4806-x

Susanne Grebner
Der Telegraf: Entstehung einer SPD-nahen Lizenzzeitung in Berlin 1946 bis 1950
Die deutsche Pressegeschichte der Nachkriegszeit ist untrennbar mit der politische Geschichte geknüpft. Gerade in Berlin traten die Unterschiede in der alliierten Politik und Pressepolitik deutlich hervor. Von der britischen Kontrollkommission für den publizistischen Kampf gegen den Kommunismus aufgebaut, nahm das Blatt von Beginn an eine Sonderrolle auf dem Zeitungsmarkt ein. Sahen die Berliner und die Briten in der größten Tageszeitung während der Blockade ein Symbol für die Freiheit, ergriffen die Sowjets immer

LIT Verlag Münster – Hamburg – Berlin – London
Grevener Str./Fresnostr. 2 48159 Münster
Tel.: 0251 – 23 50 91 – Fax: 0251 – 23 19 72
e-Mail: vertrieb@lit-verlag.de – http://www.lit-verlag.de

wieder Maßnahmen, dessen Verbreitung in ihrem Besatzungsgebiet zu unterbinden.

Die Autorin erzählt von einer Zeitung, ihren Lizenzträgern und Mitarbeitern und zeigt auf, wie sich die politische Entwicklung auf sie auswirkte.

Darüber hinaus gibt sie einen Überblick über den Westberliner Zeitungsmarkt bis 1950 und stellt dar, welche Folgen das Zusammenspiel von Politik und Presse für die Zeitungen nach der Blockade hatte.

Bd. 13, 2002, 480 S., 30,90 €, br., ISBN 3-8258-4540-0

Michael Meyen
Hauptsache Unterhaltung
Mediennutzung und Medienbewertung in Deutschland in den 50er Jahren
Warum nutzen Menschen Medien, wann ändern sie ihr Nutzungsverhalten, welche Rolle spielt dabei das Medienangebot? Für die Beantwortung dieser Fragen scheint keine Zeit geeigneter als die 50er und 60er Jahre: Das "neue Medium" Fernsehen veränderte in Deutschland Ost und West die Funktionen der älteren Medien und vor allem die Lebensgewohnheiten der Menschen.

Die Untersuchung, die sich auf Umfrageresultate stützt und eine Methode für die Verarbeitung der Daten entwickelt (Historische Datenanalyse), zeigt, dass die Kommunikationsbedürfnisse der Menschen vor allem auf die Arbeitsbedingungen und auf den Alltag zurückzuführen sind. Bereits in den 50er Jahren gab es in Deutschland drei Grundtypen von Mediennutzern: eine Mehrheit, die vor allem Unterhaltung erwartete, eine große Minderheit, die daneben Informationen suchte, und eine kleine Gruppe, die von den Medien überhaupt nicht erreicht wurde. Entscheidend für die Zugehörigkeit zu einem der Typen waren der gesellschaftliche Status und die Anforderungen des Berufs.

Bd. 14, 2001, 328 S., 35,90 €, br., ISBN 3-8258-5473-6

Reiner Burger
Von Goebbels Gnaden
"Jüdisches Nachrichtenblatt" (1938 – 1943)
"Das Jüdische Nachrichtenblatt ist als einzige jüdische Zeitung in Deutschland ein wertvolles Bindeglied unter den jüdischen Menschen. Jeder abonniere das Jüdische Nachrichtenblatt!"
Mit diesem Slogan warb Anfang 1941 das damals wohl bemerkenswerteste Periodikum im Deutschen Reich um neue Leser. Das in Berlin erscheinende "Jüdische Nachrichtenblatt" war, nachdem noch vor der sogenannten Reichskristallnacht alle jüdischen Zeitungen und Zeitschriften verboten worden waren, Ende November 1938 auf direkte Anweisung von Propagandaminister Goebbels gegründet worden. Ziel der vorliegenden Studie ist es, das einzige nach dem Novemberpogrom noch zugelassene jüdische Presseorgan erstmals in all seinen Facetten vorzustellen. Historischer Kontext, Entwicklung und Inhalte werden eingehend behandelt.

Bd. 15, 2001, 208 S., 17,90 €, br., ISBN 3-8258-5479-5

Klaus Arnold
Kalter Krieg im Äther
Der Deutschlandsender und die Westpropaganda der DDR
Während in der Zeit des Kalten Kriegs die Grenze zwischen den beiden Teilen Deutschlands immer undurchlässiger wurde, versuchten Radiosender die Menschen im jeweiligen anderen deutschen Staat zu erreichen und für das eigene System zu gewinnen. Auf der DDR-Seite übernahm diese Aufgabe insbesondere der Deutschlandsender. Die Untersuchung zeichnet auf der Grundlage von umfangreichem Archivmaterial die bewegte Geschichte dieses Senders im deutsch-deutschen Ätherkrieg nach. Sie zeigt, daß die SED-Propaganda gegenüber Westdeutschland vor allem darauf basierte, die Bundesrepublik als einen von wirtschaftlichen Krisen geschüttelten, nach außen aggressiven und nach innen diktatorisch verfaßten Nachfolgestaat von Nazi-Deutschland darzustellen. Obwohl sich die Bundesrepublik in den beiden Jahrzehnten nach 1950 erst ansatzweise der schrecklichen Vergangenheit stellte, war dieses Bild für die meisten Westdeutschen doch zu stark von der Wirklichkeit entfernt. Die Rundfunkpropaganda blieb somit trotz großer Anstrengungen ohne entscheidende Erfolge.

Bd. 16, 2002, 752 S., 45,90 €, br., ISBN 3-8258-6180-5

Ray Rühle
Entstehung von politischer Öffentlichkeit in der DDR in den 1980er Jahren am Beispiel von Leipzig
In der Kommunikationswissenschaft sind Öffentlichkeitsstrukturen in staatssozialistischen Gesellschaften immer noch weitgehend unterbeleuchtet. Auch fehlt ein begrifflich-analytisches Instrumentarium für die Untersuchung solcher Kommunikationsverhältnisse. Am Beispiel einer Umweltgruppe aus Leipzig versucht dieses Buch Gedanken zu entwickeln, die ein wenig Licht auf die Genese einer öffentlichen Kommunikation in der DDR werfen sollen. Warum bildete sich eine „zweite Öffentlichkeit" und unter welchen Voraussetzungen konnte diese in die staatlich besetzte Öffentlichkeit hineinwirken? War es diese „zweite Öffentlichkeit", die den Staat 1989 zur Implosion brachte oder hatte sie daran gar keinen Anteil?

Bd. 17, 2003, 168 S., 14,90 €, br., ISBN 3-8258-6847-8

LIT Verlag Münster – Hamburg – Berlin – London
Grevener Str./Fresnostr. 2 48159 Münster
Tel.: 0251 – 23 50 91 – Fax: 0251 – 23 19 72
e-Mail: vertrieb@lit-verlag.de – http://www.lit-verlag.de